Die Wüste leuchtet

Zu Fuß durch die Sahara

Collection Rolf Heyne

Texte: Daniel Popp
Fotografien: Jean-Luc Manaud

Die Wüste leuchtet

Zu Fuß durch die Sahara

Collection Rolf Heyne
München

INHALT

Prolog 9
Einleitung 10
Erlebnis Sahara 16
Die Weite, die Stille 36
Zu Fuß durch die Wüste 58
Die Unermesslichkeit 80
Das Wasser, der Stein 100
Die Nacht, das Lager 122
Die Einsamkeit 142
Die großen Durchquerungen 162
Zum Schluss 184
Epilog 186

Karten 188
Bildnachweis 190
Dank 191

Seite 4: der »Wächter« von Tagrera (Tassili du Hoggar, Algerien).

Gegenüber: die Felsen von Tahaggart (Tassili du Hoggar, Algerien).

»Mir selbst vertrauter als mein eigenes Fleisch.
Mir selbst vertrauter als mein Denken.
Mir selbst vertrauter als meine Vorstellungskraft.
Mir selbst vertrauter als ich selbst.
Mehr ich selbst als ich selbst.
Unendlich ich selbst.
Nichts. Wüste pur.
Schleier aus Weite, Fels, Sand und Licht,
in den der Wind des Geistes sich hüllt,
um Wüste und Wanderer zu spielen.
Schritt für Schritt, so als ob …«

»*Paris/Tamanrasset.*
15 Tage. 550 F. Weihnachtsferien.«

Diese kleine Anzeige mit Angabe einer Telefonnummer erschien im September 1971 in der Zeitschrift *Actuel.* Sie war von einem dieser kleinen halbprofessionellen Unternehmen geschaltet worden, die bereits die Fühler ausgestreckt hatten: die zaghaften Anfänge des Abenteuertourismus. Das war mit gerade 21 Jahren meine erste Berührung mit der Wüste.

Damals studierte ich Musik an der *École normale de musique* in Paris mit dem Ziel, Komponist zu werden. Dominique, meine zukünftige Ehefrau und Gefährtin auf unzähligen bevorstehenden Entdeckungsreisen, träumte wie ich vom Abenteuer. Zwei erste gemeinsame Reisen durch den Norden Schottlands und von Lappland bis zum Nordkap waren der Anfang. Vielleicht wurden die Weichen für meine Reiseleidenschaft schon in frühester Kindheit gestellt: durch die eifrige Lektüre von *Tim und Struppi* sowie *Die Abenteuer von Blake und Mortimer* oder durch die Erzählungen meiner Großmutter väterlicherseits über ihren Mann, der zu Beginn des 19. Jahrhunderts als Militärarzt in Timbuktu gearbeitet hatte.

Abgesehen von diesen Anekdoten verspürte ich als Heranwachsender einen fundamentalen Mangel, der sich in der eindringlichen und zeitig gestellten Frage nach dem Sinn meines Lebens äußerte. Meine Eltern hatten schon früh künstlerisches Gespür und Einfühlungsvermögen in mir gefördert, doch als ich heranreifte und nach Unabhängigkeit strebte, fühlte ich mich nicht wirklich verankert in meinem Leben. Mein Interesse für Psychologie liess mich bereits vermuten, dass ich eines Tages in diesen sauren Apfel beißen müßte, um meinen Dämonen die Stirn zu bieten. Ich klebte an Ängsten und Unzulänglichkeiten, ohne die Kraft zu einer Veränderung in ihnen zu erkennen.

Die Entdeckung der letzten wilden Landstriche Europas und das Leben im Freien ließen mich bei meinen ersten Wanderungen erahnen, wie sehr das Erleben des weiten Raums und der Schönheit der Natur ein Spiegelbild des von mir ersehnten inneren Friedens, der Freude und Freiheit war. Für viele Jahre sollte das Reisen abseits der ausgetretenen Pfade eines der wenigen Privilegien bei meiner inneren Suche sein. Ich war reif für das Erlebnis der Wüste.

In einem Landrover und zwei Kombis begaben wir uns auf eine Fahrt voller Pannen. Der Zustand der Fahrzeuge war mitleiderregend, die Reiseleitung miserabel und die Zeit viel zu kurz für die geplante Strecke: Wir schafften es nicht bis Tamanrasset. Zudem hatte ich mir eine Grippe eingefangen, die sich während eiskalter Dezembernächte noch verschlimmerte. Die ersten Dünen erblickte ich heftig fiebernd, so dass mir die prachtvoll über den Erg Occidental hinweggleitenden Wolken wie ein Verkündigungshimmel erschienen. Ich war hingerissen: Die flüchtig erblickte Weite, das Licht, die Stille und die Schönheit schienen etwas Vertrautes, überaus Kostbares zu enthüllen. In bedauernswerter Verfassung nach Paris zurückgekehrt, war ich erfüllt von der seltsamen Gewissheit, dass dort in der Wüste mein Zuhause war, dass diese kahlen Landschaften das widerspiegelten, was ich so verzweifelt in mir selber suchte.

Dennoch sollte ich erst zwanzig Monate später die Sahara wiedersehen. In der Zwischenzeit widmete ich mich der Musik. Von 1971 bis 1973 nahm ich vier Schallplatten als Komponist und Sänger auf und bereitete ein persönlicheres Album vor. Gleichzeitig lernten Dominique und ich im Veda-Zentrum von Gretz fernöstliche Spiritualität kennen. So kam ich dazu, die Musik zum Geburtstagsfest von Ramakrishna zu komponieren. Trotz meiner Vorbehalte fühlte ich mich von der metaphysischen Tradition Indiens angesprochen, die meinem Streben nach Einfachheit, Schnörkellosigkeit und unmittelbarem Zugang zur eigenen Wahrheit entsprach. Ich hatte die Wüste noch nicht durchquert, doch nun – dreißig Jahre später – frage ich mich, ob sie nicht bereits mich »durchquert« hatte, ohne dass ich mir dessen bewusst war.

Im Oktober 1973 brachen wir erneut in die Sahara auf. Zusammen mit zwei Freunden (einer von ihnen hatte bereits als Fahrer an unserer ersten Reise teilgenommen) wollten wir mit einem 2CV die algerische Sahara durchqueren, bis nach Gao in Mali, Agadez in Niger und zurück über Tamanrasset in Algerien. Wir hatten dazu nur sechs Monate Zeit und wenig Geld, aber wir wollten alles sehen, die ganze Wüste erleben. In einem Alter, in dem zu hohe Erwartungen Träume oft platzen lassen, hatte der Zufall glücklicherweise ein Einsehen, denn auch diesmal erreichten wir Tamanrasset nicht.

Nach sechs Wochen in den Oasen der Täler Saoura und Touat am Fuß des Erg Occidental entdeckte ich die Gastfreundlichkeit der Sahara sowie meine unerschöpfliche Lust, auf Dünen zu klettern. Doch vor allem faszinierte mich das Nomadenleben. Ich hatte das Gefühl, diese Menschen würden noch den Schlüssel zu den unermesslichen Weiten besitzen.

»Die ersten Dünen erblickte ich heftig fiebernd, so dass mir die prachtvoll über den Erg Occidental hinweggleitenden Wolken wie ein Verkündigungshimmel erschienen.«

Das Abenteuer begann mit dem Ende der Asphaltstrecke in Adrar: 1 450 Kilometer Piste bis nach Gao in Mali, über den Niger, davon 780 Kilometer völlige Leere in der Tanezrouft. Erstmals war ringsum nichts als Horizont, man erlebte die Freiheit, seine eigenen Spuren zu hinterlassen, parallel zu bereits vorhandenen, stets bemüht, die in den Sand gegrabenen »Monster«-Rillen der Lastwagen zu vermeiden. Man muss immer auf der Hut sein, nicht von der markierten Piste abzukommen: zwei große Fässer alle zehn Kilometer, zwei kleine Fässer alle fünf Kilometer. Sandverwehungen, Reifenpannen … tapfere kleine »Ente«. Aber diese Fahrzeuge und ihre Mechanik werden mir stets ein Rätsel bleiben. Von nun an beginnen meine Reisen durch die Sahara dort, wo die Autos stehen bleiben.

Ich wusste bereits, dass wir die Reise nicht gemeinsam mit unseren Gefährten beenden würden. Dominique und ich wollten in der Wüste bleiben,

> »Diese kahlen Landschaften spiegelten genau das wider, was ich so verzweifelt in mir selber suchte.«

während die anderen nur davon sprachen, wie sie die Kilometer bis Cotonou schnellstmöglichst hinter sich bringen könnten, um dort im Meer zu baden. In Gao trennten wir uns in aller Freundschaft.

Im Verlauf der folgenden Wochen in Gao lernten wir Mohammed Ag Oyahit, einen Tuareg des Stammes Kel Antesar kennen. Wir hatten gerade den 2CV verkauft und fanden Gefallen an der Idee, mit dem Schiff nach Timbuktu zu reisen, Kamele zu kaufen und seine Familie zu treffen, die südlich des Faguibine-Sees nomadisch lebte.

Als wir auf dem Rücken unserer Kamele durch die sagenhafte Stadt zogen und sie schließlich hinter uns liessen, war uns ein wenig bang und die entspannte Haltung sowie Beherrschung des Reittiers nur vorgetäuscht. Dennoch schien es uns wie der Aufbruch zur Eroberung der Welt. Es war ein für uns völlig neues Gefühl, sich auf diese körpernahe Weise fortzubewegen.

Eine Viertagesreise trennte uns von Mohammeds Familie. Der Rhythmus pendelte sich ein. Mit jedem Schritt zogen Zeit und Raum vorüber. Kamelritt und lange Fußmärsche wechselten sich ab in einer Landschaft der Ebenen, Seen, Hügel, die mit Wolfsmilchgewächsen und Akazienwäldern bewachsen waren, soweit das Auge reichte.

Ziemlich schnell wird mir eines klar: Genau so will ich reisen. Frei. Kein Dach über mir außer der Himmelskuppel. Ohne Blechkiste. Direkt auf der Erdkruste. Ins Unbekannte aufbrechen, und auch körperlich meine Route und mein Vorankommen bestimmen. Was bedeutet schon die Anstrengung, wenn sich nach dem Muskelkater der ersten Tage das Wohlbefinden des vergessenen, nun wieder in Form gebrachten, lebendigen Körpers einstellt, bereit zur Erforschung, zur Begegnung, alle Sinne geschärft.

Eines Abends fiel mir spontan ein Name ein: *Terres d'Aventure*. Ein Name, der dieses einfache, so erfüllende Leben auf Tuchfühlung mit der Natur umschreibt.

Ich wollte sehen, wie die Nomaden leben, den Alltag mit ihnen teilen. Da bot sich die einmalige Chance, drei Monate lang das traditionelle Wanderdasein kennen zu lernen. Ich habe diese Menschen hoch geschätzt, die uns auf offene Weise spüren ließen, was die Lebensweise und die Seele der Tuareg so einmalig und unersetzlich macht.

Dank einer zufälligen Begegnung in Bamako kam eine ähnliche und ergänzende Erfahrung hinzu, in Mauretanien, wo ich einen weiteren Monat bei den nomadischen Mauren von Oualata weilte. Dominique erholte sich inzwischen von einer Hepatitis. Ich war überglücklich, doch die Erfüllung meines Traumes vom Nomadenleben über einen recht langen Zeitraum hatte mich gewissermaßen gesättigt. Ich verbrachte weiterhin mit Begeisterung kurze oder längere Aufenthalte in den Lagern der Tuareg, Mauren und Tubu und pflegte dort treue Freundschaften. Doch diese Begegnungen an sich waren nicht mehr mein oberstes Ziel. Nicht aus Menschenfeindlichkeit, sondern weil ich wandern wollte. Von einigen Ausnahmen abgesehen, etwa als Touristenführer, klettern Nomaden nicht zum Vergnügen auf Berge. Um Mufflons zu jagen, Wasser oder ein verirrtes Tier zu suchen, ja. Aber nicht aus reinem Vergnügen. Dies trifft noch mehr auf die sesshaften Saharabewohner zu.

Zudem sagte mir eine innere Stimme, dass ich das, was ich auf verschlungenen Wegen suchte, nur in innigster Vertrautheit mit der Wüste finden konnte, ganz auf mich allein gestellt. Ein Jahr später sollte die Entdeckung von Tagrera meinen Traum erfüllen.

Nach sechs Monaten Sahara wieder zurück in Frankreich, erschienen mir das Pariser Leben und das Show-Business überaus reizlos. Ich hatte einen Produzenten für meine Schallplatte gefunden, doch ich weigerte mich, die von ihm geforderten künstlerischen Zugeständnisse zu machen. Und es gab da dieses Projekt, das mich begeisterte …

Éric de Maria, der andere Fahrer unserer ersten Sahara-Reise, hatte soeben einen Verein gegründet: *Expéditions Raiders International Club*, oder kurz *ERIC expéditions*, eine auf die Organisation von Abenteuerreisen spezialisierte Agentur. Er bot mir die Zusammenarbeit an und so geriet ich fast beiläufig auf diesen Weg.

In diesem Augenblick hatte das Schicksal entschieden, dass ich nicht Sänger sein sollte, das Reisen war wirklich in mein Leben getreten. Nicht als Auszeit in den Ferien, sondern als Beruf und Passion, die eine vorher nie gekannte Befriedigung mit sich brachte, und der ich mich mit Leib und Seele verschreiben wollte.

Éric war ein Fan von Allradlastwagen, und so vertraten wir in Frankreich *Hughes Overland*, eine englische, auf Langstreckentouren spezialisierte Firma: London/Sydney, London/Kap.

Dominique arbeitete als Reisebegleiterin von Landrover-Rundfahrten, die sie im Süden Marokkos oder auf den Strecken Casablanca/Tunis, Bamako/Niamey anbot. Meinen Neigungen entsprechend gründete ich im Herbst 1974 eine kleine Sonderabteilung: *Terres d'Aventure*, spezialisiert auf die Organisation von Wanderurlauben und Skilanglauftouren. Ich brach auf, um neue Reiserouten in der algerischen Sahara aufzuspüren, in Djanet, endlich auch in Tamanrasset, wo ich im Hoggar-Gebirge zusammen mit dem Sahara-Fotografen und späteren Freund Jean-Marc Durou meine erste »Meharée« (Kamelsafari) im Wadi Tandget anbiete.

» Genau so will ich reisen. Frei. Kein Dach über mir außer der Himmelskuppel. Direkt auf der Erdkruste. «

Ende 1974 stellte Jean-Marc mich Hervé Derain vor, überzeugt davon, dass wir uns verstehen. Nach einem etwas chaotischen Studienverlauf, angefangen von der Medizin bis hin zur Literatur, hatte auch Hervé das Reisefieber gepackt, er bewältigte in seiner besten Zeit zweimal die Indien-Route Paris/Katmandu in einem 2CV und verfiel schließlich der Sahara. Er wurde Mitglied des Vereins *Jeunes sans Frontières* (Jugend ohne Grenzen), der drei Landrover kaufte, um eine kleine Abenteuerabteilung zu gründen. Als Expeditionschef hatte er den Winter in der Sahara und den Sommer in Afghanistan verbracht. Seit einigen Monaten wieder in Paris, arbeitete er im Büro der *JSF*, um die Leitung und Verwaltung in der Tourismusbranche zu erlernen.

Im Verlauf mehrerer Treffen sprang der Funke über. Was das Reisen anbelangt, erfüllen uns die gleiche Leidenschaft, der gleiche Ansatz: die Forderung nach Authentizität und die Suche nach der Wahrheit über uns selbst und über unsere Umgebung.

Eine weitere Bekanntschaft liess unsere Überlegungen reifen und an Struktur gewinnen: Bernard Gentil, ehemaliger Schäfer und französischer Langlaufpionier; er setzt sich ähnlich radikal mit dem Leben, der Natur und dem Reisen auseinander, wie wir uns das vorstellen. Lange Abende verbrachten wir damit, die Welt zu verbessern, »den alten vergessenen Freund, unseren Körper« heraufzubeschwören oder »den Wunsch, an die alte Tradition der Entdeckungsreisen« anzuknüpfen. Das Wandern stellte sich als ideale Fortbewegungsart heraus – es erfüllt sowohl unsere als auch die Erwartungen unserer reisefreudigen Bekannten. Was sprach also gegen die Gründung einer eigenen Agentur, rund um *Terres d'Aventure*, diesen vielversprechenden Namen?

Das Projekt hätte sich durchaus innerhalb *ERIC expéditions* realisieren lassen, doch das Schicksal wollte es anders. Im Frühling 1975 wandelte Éric de Maria seinen Verein in eine Handelsgesellschaft um, ohne mir eine Teilhaberschaft anzubieten. Er glaubte nicht an die Zukunft des Wanderns, sondern war überzeugt von seinem Fuhrpark, den er unablässig erweiterte und der ihn irgendwann in den Ruin treiben wird. Nach fünfzehn Monaten unbezahlter Arbeit beschloss ich, seine Firma zu verlassen, und fand einen Weg, mich durch die letzten Reisen, die ich während des Sommers in der Sahara organisierte und führte, finanziell zu erholen.

Ende Oktober endlich nahmen Hervé und ich uns die Zeit, unsere Pläne nochmals zu überdenken. Anschliessend brach ich vom Niger aus zu einer eineinhalbmonatigen Reise auf, um zu Fuß und auf dem Rücken eines Kamels das Massiv des Aïr und die Berge von Bagzane nördlich von Agadez zu erkunden. Begeistert von meiner Entdeckung unvergleichlicher Wanderrouten war ich hin- und hergerissen: Sollte ich 15 Kamele kaufen, Safaris in der nigerianischen Sahara organisieren und über eine Agentur in Frankreich anbieten lassen oder zusammen mit Hervé *Terres d'Aventure* weiter vorantreiben? Auch bei der Rückkehr nach Agadez zögerte ich noch. Dort erwartete mich eine Postkarte. Das Foto eines verrunzelten alten Mannes, vom Leben erschöpft, und darunter der Kommentar: »So enden alle, die sich für andere abrackern. Komm schnell zurück. Hervé«!

Am 15. Dezember war ich wieder in Paris. Vier Monate später, im April 1976, eröffneten wir, wander- und abenteuerlustig mit je 10 000 Francs in der Tasche und dank einer glücklichen Fügung mit einem dritten Gesellschafter, Jean-Pierre Stevens, einem Freund Hervés, die erste auf das Wandern spezialisierte Reiseagentur der Welt. Das Unternehmen *Terres d'Aventure* war geboren.

» Eines Abends fällt mir spontan ein Name ein: *Terres d'Aventure*. «

Erlebnis Sahara

» Unberührt, nicht eine Fahrzeugspur durchschneidet das Innere Tagreras, vollkommene Reinheit, der ideale Ort, an dem ich meinen Traum vom Eintauchen in die Sahara ausleben kann. «

Seiten 16–17: Dünen und Felsen von Tagrera (Tassili du Hoggar, Algerien).

Seiten 18–19: Blick auf den vom In-Meskor-Plateau begrenzten Wadi Tagrera.

Oben: Sandsteinreliefs, auch »Strandfalten« genannt.

Rechte Seite: das erste »Schloss« von Tagrera, dessen Düne bei heftigem Wind singt.

Seiten 22–23:
seltsame Sandstein-erosion, im Hinter-grund die große Düne von Tagrera (Tassili du Hoggar, Algerien).

Oben: Kopf eines Afrikaners in Tagrera.

Rechte Seite: weitere Erosionsformen des Sandsteins in Tagrera.

Seiten 26–27:
die »Schlösser« von Tagrera umrahmt von den »Felswachen«.

Oben: die kleinen Inseln von Tagrera (Tassili du Hoggar, Algerien).

Rechte Seite: Ohne schützende Vegetationsschicht erodiert der Sandstein durch Wind und Temperaturunterschiede.

Seiten 30–31: sanft geschwungene Barchane der Hochebene von In Meskor (Tassili du Hoggar, Algerien).

Die Idee von *Terdav,*

das ist der Spitzname von *Terres d'Aventure*,

wurde in der Wüste geboren. Es war die Entdeckung Tagreras, dieses magischen, einmaligen Orts der Sahara, der uns zu unserem »Erlebnis Sahara« inspirieren sollte: ein unverfälschtes und damals gewagtes Eintauchen in die Wüste, das die Idee des Tourismus transzendierte.

Nach einer Niger-Reise mit einer Gruppe von *ERIC expéditions* kehrte ich nach Tamanrasset zurück. Hervé hatte mir empfohlen, an einem vom ihm geschätzten Ort im Tassili du Hoggar zu biwakieren, im »Zimmer«, einer kleinen Felsgruppe am Rand des Wadis.

Das Hoggar-Gebirge ist von einem Ring aus Sandsteinplateaus umgeben, die die Tuareg *Tassilis* nennen. Saharareisende schätzen darunter vor allem das Tassili N'Ajjer. 680 Kilometer nordöstlich von Tamanrasset liegt die Gegend von Djanet, die vor allem für ihre Felsmalereien bekannt ist und in den Büchern Henri Lhotes hervorgehoben wird. 200 Kilometer südöstlich von Tam (Tamanrasset), abseits der großen Pisten, blieb das Tassili du Hoggar weitgehend unberührt. Henri Duveyrier bot 1860 eine amüsante Beschreibung: »Der südliche Tassili, den man auch unter dem Namen Tassili du Hoggar kennt, um ihn vom Tassili N'Ajjer zu unterscheiden, ist eine felsige Hochebene, ohne Wasser, ohne Vegetation, die wegen ihrer Lebensfeindlichkeit selbst bei den Eingeborenen nahezu unbekannt ist. Kamele, die sich dort verirren, so sagen die Tuareg, müssen entweder sterben oder verwildern, denn niemand würde sein Leben aufs Spiel setzen, um sie zu suchen.«

Selbst hundert Jahre später durchquerten nur selten Konvois diese Gegend, meist Schmuggler, illegale Arbeitertransporte aus Schwarzafrika oder Trupps auf der Suche nach Bodenschätzen. Die Trockenheit hatte die letzten Nomaden vertrieben, die hier niemals lange verweilt waren, es blieben einige Lager in den raren Wadis (ausgetrocknete Wasserläufe, die nur nach Regenfällen Wasser führen), wenn der Regen die Weiden ergrünen ließ. Nur wenige kleine Kamelkarawanen durchquerten vom Hoggar kommend zügig den Tassili, um nach Niger zu gelangen.

Für den Sahara-Tourismus wurde die Gegend erst in den Jahren 1972–73 entdeckt. Ausgehend vom algerischen Tamanrasset mit dem Ziel Niger, erforschten Touristensafaris mit allradgetriebenen Fahrzeugen die Routen abseits der Pisten, um die Ténéré und das Massiv des Aïr zu erreichen, indem sie den mittlerweile geschlossenen Grenzposten In Azaoua passierten. Um die Barriere des Tassili, das sich etwa 250 Kilometer von Nord nach Süd erstreckt, zu überwinden, folgten die Reisenden, je nach eingeschlagener Route, dem Wadi Tin Tarabine oder dem Wadi Tagrera. Das Biwak wurde für eine Nacht am bezaubernden Youf Ehaket aufgeschlagen, was soviel heißt wie »schöner als ein Zelt«. Doch mit dem Auto Reisende fuhren einfach nur vorbei …

Ich kehrte nach Niger zurück, begeistert von der Weite und Schönheit der Ténéré, die sich in Algerien ins Unendliche fortzusetzen scheint auf der kahlen Reg (Steinpflasterlage) des gewaltigen Rieselfeldbeckens im Wadi Tin Tarabine.

Mich faszinieren diese ozeanischen Weiten, in denen überhaupt nichts ist. Nichts als eine Unendlichkeit aus makellosem Sand so weit wie der Himmel. Eine in ihrer Erscheinung verletzliche Unendlichkeit. Ein paar Kiesel, ein paar Schottersteine, der Sand ein wenig grauer und der Eindruck vollkommener Reinheit wäre dahin. Die Landschaft ist gigantisch, wirkt aber trist, trostlos wie in der Tanezrouft. Eine beängstigende Form von Abwesenheit, von Vakuum, die beim Reisenden Monotonie und Langeweile erzeugt. Die Ténéré dagegen, ringsum in einen herrlichen, glatten Mantel aus goldgelbem Sand gehüllt, evoziert in ihrer Unberührtheit eine einzigartige Perfektion, die faszinierende Fülle der Leere. Über Jahre hinweg bedeutete für mich die Wanderung von Tam nach Süden die symbolische Wiederbegegnung mit dem Sand, der Reinheit, der Unendlichkeit. Das erste charakteristische Knirschen von Reifen im Sand und der sich weitende Raum sind Zeichen der Veränderung, der Annäherung an die wirkliche Wüste.

In diesem kahlen, unermesslichen Raum entsteht die Komposition des Tassili wie eine Folge von Gestaden, von großen langgestreckten Inseln, die geheimnisvolle Welten bilden. Im Süden beschreibt eine gewaltige strenge Zitadelle, die Hochebene von In Meskor, einen Kreisbogen von etwa 200 Kilometern Länge. Entlang einer von Nordosten nach Südosten verlaufenden Diagonale folgen in der Ferne lange, zartblaue Borten aufeinander, sie überlagern sich, bilden Skizzen, Entwürfe von Landschaften am Horizont.

Die Klarheit der Luft bietet ein herrliches Landschaftsprofil aller Massive, die ich 15 Jahre lang begeistert zu Fuß erkundet habe. Doch noch immer kenne ich sie nicht. Von unseren Autos aus gesehen bleibt das Tassili du Hoggar eine verborgene Welt mit undeutlichen Reliefs, die großen, dunklen, wenig anziehenden Massen gleichen feindlichen Gestaden.

Endlich rücken die beiden »Ufer« des Tassili näher zusammen. Das Plateau In Meskor schwenkt nach Süden. Seine schwarze 200 Meter hohe Felswand überragt eine Ebene, die eigentlich ein Wadi ist. Die ganze Weite von Tin Tarabine drängt sich, strömt hier zusammen, um sich in neue Unendlichkeiten zu ergießen. »Tagrera!«, ruft der Fahrer lachend aus wie ein Seemann, »Land in Sicht!«, und deutet mit einer ausholenden Armbewegung auf den Raum, den wir durchqueren, und die Tassilis, die ihn begrenzen. Tatsächlich stimmt diese Landschaft froh. Gegenüber von In Meskor, jenseits des gewaltigen Wadis, wird die Skizze zum Meisterwerk. Die im Norden so kompakte, schwarze Felswand des Tassili zeigt sich hier völlig zerschlagen, zerhackt von unzähligen Inselchen, vom Sand erobert, der das zerklüftete Plateau in ein steinernes Eden verwandelt. Ringsum erheben sich am Fuß mächtiger Gebilde in tausend einmaligen Formen gestaltete Dünen und Felsen, mischen sich, spielen mit dem Raum, fügen sich zu perfekten Kompositionen.

Ich hatte in meinem Leben viele ästhetische Schockerlebnisse, die mich manchmal zum Weinen brachten, so sehr lässt die Schönheit als Seinszustand uns nackt und bloß erscheinen. Aber hier, mit dem Flügelschlag eines Engels, hat das Absolute eine Landschaft aus Sandstein und Sand nach seinem Bild geschaffen. Weit davon entfernt, eine statische, unzugängliche Kulisse zu bieten, spricht mich diese Landschaft immer wieder an: mit Worten aus Steinen und Dünen, aus Formen, Bewegungen, Rhythmen und Farben,

Tagrera oder die Offenbarung eines unbekannten Planeten aus Stein und Sand; die unendliche Vielfalt an Reliefs und Formen übersteigt jede Vorstellungskraft (Tassili du Hoggar, Algerien).

mit Augenblicken der Stille, des Atemholens und vor allem durch die Weite.

Ist es ein Tanz? Ein Lied der Zeichen? Mein Körper, meine Sinne möchten am Fest teilhaben.

Damals suchten Hervé und ich nach einer unmittelbareren Begegnung mit der Wüste. Das Durchqueren, Überfliegen und Fahren entlang dieser Landschaften stillte unsere Sehnsucht nicht. Mit dem Auto und sogar noch auf dem Rücken eines Kamels ist man stets auf dem Weg irgendwohin, ohne die Möglichkeit, nach Belieben hier und da anzuhalten, aus Mangel an Zeit, Benzin oder Weidefläche; stets gibt es eine Route, Spuren oder eine Piste, der es zu folgen gilt.

» Aber hier, mit dem Flügelschlag eines Engels, hat das Absolute eine Landschaft aus Sandstein und Sand nach seinem Bild geschaffen. «

Wir beide träumten davon, uns im Herzen der Sahara aussetzen zu lassen, an einem wegen seiner Schönheit und Abgeschiedenheit ausgewählten Ort, ausgerüstet mit den notwendigen Vorräten an Wasser, Nahrungsmitteln und Holz, um in aller Ruhe und völlig frei die geheimsten und unzugänglichsten Winkel zu Fuß zu erkunden.

Hervé scherzte, am liebsten würde er die Ténéré zu Fuß durchqueren, unabhängig und ganz »nackt und bloß«. Da er das Tragen eines Rucksacks genauso wenig mag wie ich, ersann er sogar ein Tragesystem mit Hilfe eines Ballons an einer langen Leine. Ich bin mir nicht sicher, ob diese Methode bei starkem Wind nicht anstrengender wäre als der gute alte Rucksack.

Richtig ernsthaft hatten wir eine derartige Erfahrung erstmals im Norden von Niger unmittelbar nach der Gründung von Terres d'Aventure *in Angriff genommen. Ein Fahrzeug setzte uns im Süden der Dünen von Temet, die zu den schönsten der Sahara gehören, ab und sollte uns zweieinhalb Tage später in Adrar Bous, einem kleinen bergigen Massiv 40 Kilometer nördlich erwarten. So sehr es ihn auch ehrte, leider liess er nichts unversucht, uns mit dem Auto zu begleiten, um uns den »völlig nutzlosen und gefährlichen Marsch zu ersparen«. Das »Erlebnis Sahara« wird wahr, doch erst an einem unerforschten, unzugänglichen oder mit Fahrzeugen nur schwer erreichbaren Ort.*

Im Oktober 1976 brach ich erneut in den Tassili du Hoggar auf. Intuitiv hatte ich das Gefühl, dass wir unsere Expeditionen auf Tagrera ausdehnen sollten. »Unberührt, nicht eine Fahrzeugspur durchschneidet das Innere Tagreras, vollkommene Reinheit!« Ich sehe mich noch, wie ich beim Aussteigen keuchend vor Freude diese Worte meinen Freunden, die als »Versuchskaninchen« dienten, zurief. Die Kanister, die Kartons mit Lebensmitteln und das Holz waren bereits in unserem ersten Lager deponiert, dem »Zimmer«.

Trotz wiederholtem beschwerlichen Einsinken im Sand hatte sich unser Auto einen Weg durch die Dünen bis zu den ersten »Schlössern« gebahnt, den gewaltigen Zeugen des einstigen Plateaus mit seiner unglaublichen Präsenz. Am Fuß einer gigantischen Felswand in Form eines U-Boots, begrenzt von einer sehr hohen Düne, hatte ich unser zweites Lager vorbereitet.

Zum ersten Mal sollten die Autos nach Tam zurückkehren und uns für eine Woche allein lassen, vollkommen frei, um diesen Ort nach Belieben zu erkunden.

Salah, unser Fahrer und ein alter Wüstenfuchs, bestätigte mir, dass niemand zuvor nach Tagrera vorgedrungen ist. »Es gibt kaum ein Durchkommen. Die Fahrzeuge folgen dem Wadi, um den Tin Tarabine, Djanet im Süden oder Niger zu erreichen. Warum wollen wir ausgerechnet da lang? Hier gibt's doch nichts. Kein Wasser, nur Kiesel, weichen Sand und Dschinns (Geister)!«

Bevor der Tourismus zum Manna dieser Gebiete wurde und die Sahara in einen Ort des »Kraft-Tankens« verwandelte, war die Wüste für die meisten sesshaften Bewohner dieser Gegend ein lebensfeindliches Gebiet. Ein nutzloser und öder Raum, den man so schnell wie möglich durchqueren wollte und in dem die Fahrer, ohne mit der Wimper zu zucken, überall leere Kanister, abgefahrene Reifen oder anderen Zivilisationsmüll zurückließen.

Ich hatte mich nicht getäuscht. Die faszinierende Schönheit und unglaubliche Vielfalt Tagreras machten sie zum idealen Ausgangspunkt, um unseren Traum vom Eintauchen in die Sahara zu leben und zu teilen.

Nach Frankreich zurückgekehrt, konzipierte ich eine 10-Tage-Reise, davon eine Woche in völliger Autonomie. Jetzt mussten mir nur noch Worte einfallen, um zukünftige Reisende zu überreden, dieses Abenteuer zu wagen.

»Das Gebiet erstreckt sich vierzig Kilometer von Nord nach Süd, fünfundzwanzig Kilometer von Ost nach West und bleibt so leicht erlaufbar. Geruhsamer Rhythmus und ausreichend Zeit, die Gegend bis ins kleinste Detail zu erkunden. Die Düne linker Hand reizt Sie? Dann besteigen wir sie gemeinsam. Sie wollen lieber allein sein, unter einem Felsen der Stille lauschen, sich von der Weite, dem Licht, dem Wind, der vollkommenen Schönheit, die sie umgibt, durchdringen lassen? Kein Problem, Sie sind frei, da Sie die Bezugspunkte, die Ihnen die Rückkehr zum Biwak erleichtern, nie aus den Augen verlieren. Ziel ist es, die Reise und das Erkunden selbst zu gestalten und die Wüste durch das Wandern sinnlich zu erleben.«

So etwa schlug ich vier Journalisten vor, sich den fünf Teilnehmern unserer ersten, für Januar 1977 geplanten Saharaerfahrung anzuschließen. Ich hatte sie vorgewarnt: »Es handelt sich um eine Premiere, bei der alles erst noch zu Fuß erforscht werden muss. Jeder trägt seine persönlichen Sachen von Lager zu Lager, etwa 8 bis 10 Kilo für zwei bis drei Stunden Fußmarsch. Die übrige Zeit wandern wir mit leichtem Gepäck.«

Ich hatte die Stellen für sechs Lagerplätze ausgekundschaftet. Die natürliche Lage der Reliefs begünstigte eine herrliche Steigerung der Entdeckungen: vom Ungewöhnlichen zum Erhabenen. Die Teilnehmer hatten in Kenntnis der möglichen Risiken einer solchen Abgeschiedenheit eine Erklärung unterschrieben, die mich von jeder Verantwortung befreite. Eine rein formelle Sache, gewiss, von geringem juristischen Wert, die dennoch die Verpflichtung deutlich machte, nicht mehr nur einfacher »Tourist« zu sein.

Verschiedene Landstriche von Tagrera, wo 1976 noch alles zu Fuß zu entdecken war (Tassili du Hoggar, Algerien).

Dieser gelungenen ersten Reise folgte der Erfolg auf dem Fuße. Aufgrund von begeisterten Artikeln und Mund-zu-Mund-Propaganda wollten viele Reisende auf der Suche nach Authentizität und einer spielerischen, sinnlichen Annäherung an die Wüste dieses wundervolle Abenteuer selbst erleben.

Die Weite, die Stille

» Vom Auto aus gesehen
bleibt die Wüste draußen,
wie ein Bild, das man betrachtet.
Ohne die Fahrzeuge ist es,
als hätten wir durch Zauberei
den Rahmen übersprungen
und befänden uns nun
im Inneren des Werkes selbst. «

Seiten 36–37: Spiel von Wind und Sand auf den Dünen von Tagrera (Tassili du Hoggar, Algerien).

Seiten 38–39: im Herzen des großen »Schlosses« von Tilemfaza, im Norden des Tassili du Hoggar.

Seiten 40–41: die Barchane von Tagrera.

Rechts:
Am westlichen Rand des Tassilis lassen zwei unbekannte Berge die Weite von Tagrera erahnen.

Oben:
Auf der Sohle des Labyrinths von Tagrera bilden Schildkrötenfelsen und Lichtungen aus Sand wahre Zen-Gärten (Tassili du Hoggar, Algerien).

Rechte Seite:
am Horizont das Felsplateau In Meskor (Tassili du Hoggar, Algerien).

Links:
Taguelmam Semed, östlich des Oued Tagrera (Tassili du Hoggar, Algerien).

Unten:
Tilemfaza, im Hintergrund die Felsnadeln von Youf Ehaket (Tassili du Hoggar, Algerien).

Seiten 48–49:
der »Boden« aus Sandstein von Tahaggart (Tassili du Hoggar, Algerien).

Seiten 50–51:
das Plateau In Meskor, im Vordergrund der Wadi Tagrera (Tassili du Hoggar, Algerien).

Die Entstehung

einer Gruppe ist ein bewegendes Ereignis.

Einander fremde, recht unterschiedliche Leute treffen sich eines schönen Morgens am Flughafen, um gemeinsam in die Sahara aufzubrechen. Etwa zehn sind es, ebenso viele Männer wie Frauen, die Hälfte davon Paare, verschiedene Stimmen, Gesichter, Arten sich zu kleiden, sich im Raum zu bewegen.

In den Gängen von Orly-Süd spüre ich bereits, dass die Wüste da ist, potentiell enthalten im Verlangen dieser Menschen nach ihr, in ihrer Freude, nun zur Tat zu schreiten, in der Flut ihrer Fragen, deren Antworten man schon kennt. *Maurice, nicht mehr der jüngste, leitete ein Unternehmen im Elsass. Er hatte keinerlei Erfahrung, was das Wandern und Leben unter freiem Himmel anbelangt. Zu meiner großen Überraschung teilte er mir bereits bei unserem Zwischenstopp in Algier ohne Umschweife sein durchaus stattliches Jahresgehalt mit. Es war seine Art, sich vorzustellen, sein Unbehagen angesichts des »erdrückenden Gewichts seiner Verantwortlichkeiten« in Worte zu fassen. Seine Frau fand, dass er allmählich »verkrustete«, und hatte ihn nach der Lektüre eines in* Le Monde *erschienenen Artikels überzeugt, unsere »Sahara-Erfahrung« mitzuerleben. In Tamanrasset vertraute er mir nach einer aufgrund der verspäteten Ankunft unseres Flugzeugs recht kurzen Nacht an, dass er nicht sicher war, ob er am nächsten Morgen mit uns aufbrechen würde: die Müdigkeit, das Alter, die Angst, es nicht zu schaffen. Ich schlug ihm vor, früh schlafen zu gehen, bevor ich mich, kaum frischer als er, wieder der Beschaffung der Nahrungsmittel und dem Füllen der Wasserkanister widmete.*

Natürlich war er am nächsten Morgen dabei. In den folgenden Tagen verwandelte sich dieser Mann. Gänzlich im Einklang mit dem Laufen und dem Leben in der Gruppe erkannte er durch den Kontakt mit der Wüste und in der freudvollen Wiederentdeckung seines Körpers, dass das Leben leichter sein kann, heiterer. Am Abend im Biwak sah ich ihn lächeln wie ein Kind, er liess den Sand durch seine Finger rieseln und rief strahlend aus: »Was für ein Glücksgefühl!« Zwei Jahre später kehrte er nach Tagrera zurück. Ich hatte ihm die Reise nach El Ghessour empfohlen, einen Ort, den wir erst kurz zuvor entdeckt hatten. Nein, er wollte die gleiche »Sahara-Erfahrung« wiederholen, um zu vertiefen, was ihm die Wüste enthüllt hatte.

Leinen los. Es ist ein ganz merkwürdiges Gefühl zu beobachten, wie Geländewagen auf Spielzeuggröße schrumpfen, bevor sie mit dem Horizont verschmelzen. Jeder von uns weiß es, hat es gewollt. Wenn es dann geschieht, fühlt man sich ganz nackt. Die Gruppe rückt näher zusammen, ein wenig in der Schwebe, unentschlossen in ihren Bewegungen, als ob sie ihre Erkennungszeichen suchte in einem so gewaltigen Raum. Vom Auto aus gesehen bleibt die Wüste draußen, wie ein Bild, das man betrachtet. Ohne die Fahrzeuge ist es, als hätten wir durch Zauberei den Rahmen übersprungen und befänden uns nun im Inneren des Werkes selbst: eine einschüchternde Szenerie aus steinernen Flammen, antikem Drama und Oper. Die Rucksäcke geschultert, das Lager aufgehoben, wird die Gruppe zum »Nomadenstamm« auf dem Weg ins Unbekannte.

Die ersten Eindrücke sind vollkommen neu und befremdend. Alles, was unsere Aufmerksamkeit als Stadtbewohner auf sich zieht – lebhafte Farben, ständiger Lärm, geschäftiges Treiben, Bedrängung von außen –, ist verschwunden oder deutlich gedämpft, verwandelt. Der von der Last befreite Raum hat keine Proportion mehr, keinen Maßstab. Gewiss sind da Vulkane, eine gewaltige Düne, unser Nachtlager oder weiter entfernt im Norden ein bizarres Gewirr von kolossalen Herden versteinerter Dinosaurier. Aber wenn ich diese Reliefs nicht bereits erklettert hätte, wäre es mir unmöglich, genau zu bestimmen, wie hoch oder wie weit entfernt sie sind. Also werfe ich kleine Testfragen in die Runde meiner Gefährten, die auf einem Schildkrötenfelsen versammelt sind: »In Meskor, In Abezzegui, wie viele Stunden Fußmarsch?« Nun, ganz offensichtlich ist In Abezzegui, eine überwältigende Pyramide, die sich im Süden am Horizont erhebt, viel weiter weg. »Ja, aber wie viel weiter?« Die Antworten kommen zaghaft und auf gut Glück. Von unserem Standort aus liegt der erstgenannte Punkt drei Stunden entfernt, der andere – zwei Tagesmärsche! Noch größere Ungewissheit herrscht über die vertikale Dimension. Das relativ nahe gelegene In Meskor ist 200 Meter hoch, die einem Berg gleichende ähnliche Pyramide dagegen – ein Kieshaufen von nur 20 Metern Höhe. Erstaunlich.

Das Paradox der Dimensionen setzt sich fort in den Tassili-Miniaturen, getreuliche, verblüffende Repliken der Felswände, Dünen und Schlösser im Umkreis, verkleinert auf wundervolle winzige Sahara-Landschaften in einer Größe von 10 bis 20 Zentimetern.

Ich liebe es, mich hinzuknien und meinen Blick über sie streifen zu lassen wie ein Gulliver der Wüste. Ein beunruhigter Gulliver, angesichts von zehn bedrohlichen Schuhpaaren, die die Düne, die er gerade erklimmt, überragen. Die wirkliche Gefahr wird erst in einigen Jahren kommen. Grausame, übermächtige Geländewagen werden mit ihren Drachenspuren neolithische Tonwaren, aus Stein gewebte Spitzen und Miniaturlandschaften zermalmen. Worüber der Wanderer sanft Finger und Blick streichen lässt, das schänden, vernichten die Autos, weil sie nicht sehen, dass sie über Gedichte hinwegrollen – in welchen sie zuweilen versanden.

» Leinen los. Es ist ein ganz merkwürdiges Gefühl zu beobachten, wie Geländewagen auf Spielzeuggröße schrumpfen, bevor sie mit dem Horizont verschmelzen.«

Linke Seite: Sand, Stein und Weite, die verschiedenen Landschaften von Tagrera (Tassili du Hoggar, Algerien)

Oben: die Felsnadeln von Tin Akachaker, wie sie jenseits des Tassilis aussehen (Tassili du Hoggar, Algerien)

Damit die Maßstäbe nicht wieder durcheinander geraten, muss der Wüstenwanderer zum Vermessungsfachmann werden, und damit er festen Boden unter den Füßen hat, an Höhe gewinnen.

Hoch oben auf der großen Düne, an deren Fuß die abgelegten Kartons und Kanister Streichholzschachteln gleichen, offenbart sich Tagrera.

Vom festen Wüstenboden aus betrachtet war die Landschaft in der Ferne eine Abstraktion, grafisch und flach, grob skizziert und ungewiss.

» Sich in der Wüste zu orientieren, heißt spielen. Ein Spiel, bei dem alle in großen sensorischen Bleistiftzügen ihre eigene kleine Wüstengeographie zeichnen. «

Aus mehr als 100 Metern Höhe, gesehen vom Seif der Düne, die den ganzen Tassili säumt, atmet Tagrera, nimmt Gestalt an, mit ihren Rundungen und Proportionen, sie verleihen ihr ein Gesicht, eine Einheit.

Wie viele Male schon bin ich auf diese Düne gestiegen, über all diese Kiesel, auf Felswände und auf die Gipfel der Schlösser, die mir erlaubten, Tagrera zu bestaunen: von hier und von da drüben?

Zuerst, um mich zurechtzufinden, das Unbekannte zugänglich zu machen. Doch sehr bald aus reinem Vergnügen heraus, die Blickwinkel zu vervielfältigen, von einem anderen Punkt aus, in einem anderen Maßstab ein bekanntes, vertraut gewordenes Relief wiederzusehen. Die Landschaft erfindet sich von neuem, nach Belieben erweitert, verengt, wieder eingefangen von meinem teleskopartigen Blick. Der Schock ist jedes Mal gleich. Der Eindruck von Schönheit, von absoluter Vollkommenheit bleibt derselbe, immer wieder neu: Schwindel erregend mit wundersamen Verbindungen, Synthesen.

Jede Stufe des Maßstabes – vom winzigsten Detail bis hin zur kolossalen Dimension – wiederholt in ihren Kompositionen, ihren aleatorischen Spuren und Zeichen, dass die Natur stets die gleiche Einheit und Harmonie entwickelt. Wie ein Faltspiegel, der ins Endlose eine größere Landschaft reflektiert als jene, die unter unseren Sohlen und vor unseren Augen in jedem Kiesel, jedem Zweig und jedem Sandkorn enthalten ist. Wie die gänzlich trockenen Büsche, große, zerzauste, vom Wind getriebene Kugeln, ihre Spuren in den Sand rollen, so erzählen unsere Fußabdrücke die lange metaphorische Reise von der Schönheit der Wüste in uns selbst.

Vermutlich ist es das, was den Wanderer so unwiderstehlich mit Liebe und Nostalgie für die Wüste erfüllt: diese einzigartige Pracht, sanft und machtvoll zugleich, die über der Landschaft aufbrandet wie eine Welle, deren Strand unsere hohle Hand sein könnte. Diese unglaubliche Schönheit, die kein Ding ist, sondern eine innere zärtliche Geste, die uns verblüfft und fesselt, als sei sie das Fundament unserer selbst und aller Dinge.

Nach dem ästhetischen Schock leite ich über zur Präsentation. Ich beschreibe die Landschaft mit Worten, genau wie ein Pariser die Seine und den Eiffelturm erwähnt, damit ein Fremder Paris auf eigene Faust entdecken kann. Große Linien zu beiden Seiten des Oued Tagrera: In Meskor, die Düne, auf der wir uns befinden, die »Schlösser«; der »Elefantenfuß«, die »Zwei Finger«, die »Wachen«, Bezugspunkte und charakteristische Felsformationen. Ich beschreibe die Lage der verschiedenen Biwaks, erzähle von meinen Wünschen und der Zeit, die jede(r) für sich zur freien Verfügung haben wird, und unterbreite einige Erkundungsvorschläge.

»Wo waren wir heute Morgen? Und gegen Mittag?« Ich zeichne die Tagesetappe mit dem Finger im Raum nach: die mächtigen, in einen Mantel aus Elefantenhaut gehüllten Felsen, wo wir zu Mittag gegessen haben; die »Sandtrommeln«, große steinerne Platten, klingend und hohl, deren Überquerung mit hämmernden Schritten einem Opferritus für die »Fred Astaires der Wüste« gleichkommt; unsere erste Dünenkette, deren Kamm wir folgten, nun so klein, dass wir kaum glauben können, vor weniger als zwei Stunden ihren Gipfel erklommen zu haben, der uns so hoch erschien.

Sich in der Wüste orientieren, heißt zu spielen. Ein Spiel aus Aufmerksamkeit und Neugier, bei dem man sich von seinen physischen und mentalen Gewohnheiten lösen muss, um sich dem Ungewissen, der Schönheit auszuliefern. Ein Spiel, »bei dem gewinnt, wer als erster die Augen aufmacht« oder umkommt, vor Durst – kleiner Scherz, natürlich.

Ein Baukastenspiel, bei dem alle in großen Bleistiftzügen ihre eigene kleine Wüstengeographie zeichnen und, als wäre nichts gewesen, Schritt für Schritt im eigenen Körper nichts weniger als Raum und Zeit neu für sich entdecken.

Wie rührend sie aussehen, unsere beiden Wasserkanister und die kleine Kiste mit Nahrungsmitteln, die ein wenig schief im Sand stecken. Sicherheitshalber habe ich in jedem Lager ein Schild daran befestigt, das auf Arabisch und Französisch den Grund ihres Vorhandenseins erklärt, für alle Fälle. Das Risiko ist gering, die Fahrer sagen mir, dass jeder Bewohner der Sahara, der diesen Namen verdient, sie nicht anrühren würde. Und die Leute aus Tam kennen allmählich die Franzosen, die sich mitten in der Wüste aussetzen lassen.

Trotzdem hatten wir Besuch, allerdings nicht den erwarteten. Mäuse hatten kleine Löcher in unsere Schatzkisten genagt. Der wahre Feind jedoch sind die Raben. Es passiert nicht allzu häufig, aber zum Schutz vor einer Plünderung empfiehlt sich eine dichte Schicht aus Steinplatten. Mit der Versorgung der Gruppe treibt man keine Scherze, der nächste Lebensmittelladen ist 200 Kilometer weit. Und außerdem: Wasser bedeutet Leben. »Aman Iman«, sagen die Tuareg. Für eine zehnköpfige Gruppe habe ich zwei Kanister pro Übernachtungslager vorgesehen, das sind 60 Liter Wasser: 30 Liter für die Feldflaschen, sprich zwei Feldflaschen zu

» Diese Pracht der Wüste, die über der Landschaft aufbrandet wie eine Welle, deren Strand unsere hohle Hand sein könnte. «

Tausendundeine Steinskulptur in Tagrera (Tassili du Hoggar, Algerien).

je eineinhalb Litern pro Nase und Tag; 30 Liter für Frühstück und Abendessen. Das ist großzügig bemessen. Im Winter trinke ich weniger als eine Feldflasche am Tag. Man muss auf der Hut und sich bewußt sein, dass häufiges Trinken in kleinen Schlucken besser rehydriert, als ohne Durst eine halbe Feldflasche zu leeren, die sich in der nächsten Stunde nur in Schweiß verwandeln würde. Um die Angst vor möglichem Versagen zu besiegen, sollte man sich lieber an der Landschaft erfrischen. Das Waschen muss man auf ein Mindestmaß reduzieren, jeder ist für seine Wasserration selbst verantwortlich. In der Sahara wird man nicht schmutzig, man wird staubig. Erfahrungsgemäß reicht eine große Tasse Wasser, um sich von Kopf bis Fuß zu waschen; eine Haarwäsche gibt es erst wieder in Tamanrasset. Rasieren oder nicht rasieren? Denken Sie daran: Wer sich einen Bart stehen lässt, sieht – ist die haarige Zierde des gebräunten Mannes wieder ab – recht blass aus. Ich selbst verwende seit 20 Jahren den gleichen kleinen Batterierasierer. Am Kinn bleiben ein paar Stoppeln stehen – na und?

Die Kleidung ist entsprechend einfach und praktisch gewählt. Leuchtfarben und Glitzerkram stören, passen nicht hierher. Man sollte lieber Farben wählen, die mit der Landschaft verschmelzen oder mit ihr harmonieren und vor allem nicht vergessen, dass die Sahara ein kaltes Land ist, in dem die Sonne heiß brennt. Sinnvoll ist die so genannte »Zwiebeltechnik«: T-Shirt, langärmeliges Hemd, Sweatshirt, warmer Woll- oder Fleecepulli, Windjacke, Leinenhose. Das zieht man im Verlauf der Stunden und je nach Schatten üblicherweise an, wieder aus, und wieder an. Dazu kommt eine der Jahreszeit entsprechende Schlafausrüstung für Temperaturen von 0–8°C in Tagrera, ein gutes Paar Leinenschuhe im Pataugas-Stil, Sandalen für abends und die unerlässliche Sonnenbrille. Jetzt fehlt nur noch die Kopfbedeckung: Hut, Schirm- oder Pudelmütze, oder den im Fall eines Sandsturms unentbehrlichen Schesch. Sonnencreme und Lippenpomade mit hohem Lichtschutzfaktor darf man nicht vergessen. Das alles wird in einen bequem zu tragenden Rucksack gepackt und schon ist die Abenteuerausrüstung perfekt: Lebensmittel, Schlafsack, Kleidung. Wir transportieren in unseren Rucksäcken, Kisten und Kanistern nicht mehr als das für unsere Grundbedürfnisse Nötige. Erstaunlich, dass man sich auf so wenig beschränken und dabei so wohl fühlen kann.

Die unberührte Wüste leuchtet unter der Himmelskuppel – so wie seit tausenden von Jahren und noch für weitere tausende von Jahren. An diesem Abend, dem ersten ohne Auto, trennt uns nichts mehr von ihr.

Mit der Nacht kommt die Stille. Eine vollkommen glatte Stille: wie leergefegt

» Unter der Himmelskuppel leuchtet die Wüste – so wie seit tausenden von Jahren und noch für weitere tausende von Jahren. «

vom Wehen des Windes, der tagsüber Herr der Dinge ist, dem Summen der Fliegen, dem dumpfen Klang der Schuhe auf dem rissigen Boden und dem Wassergeplätscher der in den Rucksäcken durchgeschüttelten Feldflaschen. Wären da nicht das Knistern des brennenden Holzes, das Geräusch von Körpern, die sich im Sand ausstrecken. Erst die vollkommene Lautlosigkeit von Geräuschen betont die Präsenz der Stille, eine ganz unglaubliche Stille.

Einige Stunden zuvor dagegen waren die Gespräche in vollem Gange: von der Taguella, einem Kuchenbrot, das in der Glut gebacken wird, über die Dünen am Nachmittag, bis zur prähistorischen Stimmung, die unsere gewaltigen, auf die Felsen geworfenen Schatten hervorriefen. Die Augen strahlten und durch die Sonne hatten einige deutlich Farbe bekommen. Einmal mehr beobachtete ich, dass die gemeinsam erlebten Emotionen während der ersten Wanderung den Zusammenhalt der Gruppe stärken.

Nach dem Abendessen und drei Gläsern Tee verstummten die Worte von allein, wie die letzte Glut des Feuers. Die Stille war da, überall und nirgends, formlos, aber fühlbar. Die Gruppe lauschte spontan dem unverfälschten Ton eines Augenblicks voll Anmut, in dem es nichts mehr zu hören gibt, nichts zu sagen, nichts zu tun, nichts zu verstehen, gleichsam jenseits der Zeit. Dann begannen unsere geistigen »Rädchen« wieder zu arbeiten, die Unruhe des ersten Abends, die Gedanken an morgen, das Aufräumen. Die erste Frage durchbrach den Zauber. Die Stille war noch immer da, doch etwas weiter weg, auf den vom Mond erhellten Dünen.

Häufig spricht man von der Stille der Wüste wie von einem wahrnehmbaren Phänomen. Auf der ersten Saharareise entdeckt man erstaunt das durch die Stille hervorgehobene stete Grummeln des eigenen Körpers, Vibrationen, Gurgeln, Klopfen und andere Geräusche. Mit ein wenig Wachsamkeit wird einem bewusst, dass die gesuchte Stille als Abwesenheit sprudelnden Lärms nur für den Lauschenden existiert. Und da es nichts zu erfassen oder zu hören gibt, wirft uns diese Lautlosigkeit automatisch auf uns selbst zurück, auf die Quelle des Hörens, an den Rand unseres eigenen Mysteriums.

Alle lagen in ihren Schlafsäcken. Einige schliefen den Schlaf der Gerechten, andere lauschten mit weit aufgerissenen Augen der Stille des Vollmonds und der Sterne.

» Einige schliefen den Schlaf der Gerechten, andere lauschten mit weit aufgerissenen Augen der Stille des Vollmonds und der Sterne. «

Linke Seite: Detailaufnahmen aus dem »Zimmer« von Tagrera und der Anstieg einer »Schildkröte« (Tassili du Hoggar, Algerien).

Oben: Schönheit, Freude und kleine Missgeschicke auf dem sandigen Planeten (Tassili du Hoggar, Algerien).

Zu Fuß durch die Wüste

» Wandern in der Wüste
ist kein Selbstzweck.
Nur die natürlichste und einfachste
Art, die Wüste unter unseren
Schritten Gestalt annehmen zu lassen,
um dort Fuß zu fassen. «

Seiten 58–59:
durch das Dünenmassiv von In Akachaker; im Hintergrund, jenseits des Tassili, Adrar Adjiouh (Tassili du Hoggar, Algerien).

Seiten 60–61:
Erkundung von Tilemfaza; im Hintergrund oben rechts der Wadi Tin Tarabine (Tassili du Hoggar, Algerien).

Rechts:
Wandern auf den Dünen von Tagrera (Tassili du Hoggar, Algerien).

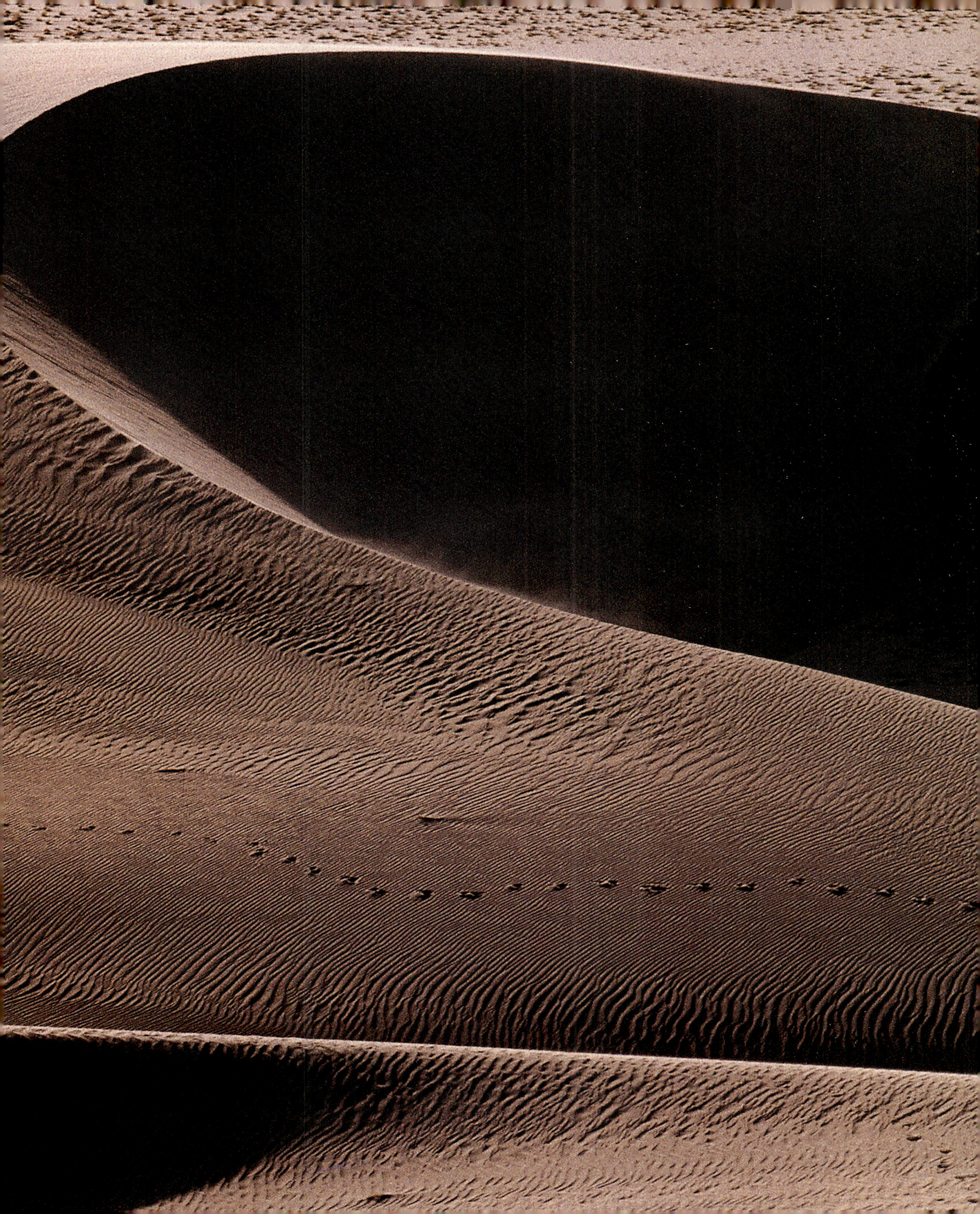

Rechts:
durch das zweite »Schloss« von Tagrera (Tassili du Hoggar, Algerien).

Seiten 66–67:
Fußspuren auf dem Seif einer Düne in Tagrera.

Steine und Sand,
unzertrennliche
Verbündete der
Schönheit Tagreras
(Tassili du Hoggar,
Algerien).

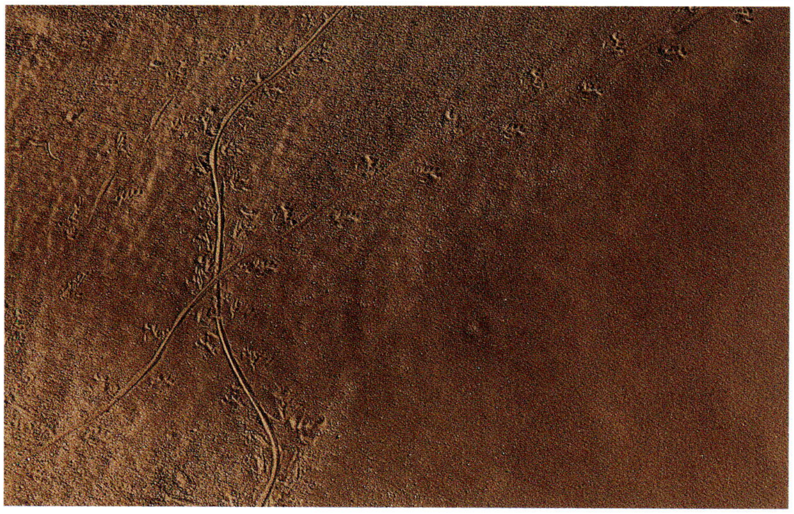

Von Käfern, Eidechsen, einem Grashalm und vom Wind gezeichnete Muster. Dem Wanderer enthüllt die Wüste eine Fülle von Spuren und Zeichen.

Seiten 72–73:
die Dünen von In Meskor (Tassili du Hoggar, Algerien).

Wandern in der Wüste

ist kein Selbstzweck, sondern die natürlichste und einfachste Art sich fortzubewegen, zu erkunden, zu erspüren. Wandern ist keine Strafarbeit. Die Wüste selbst bringt in Form. Man steigt nicht auf Dünen, um Sport zu treiben, sondern weil es schön ist, weil es sich gut anfühlt, zu »versanden« und in die Kindheit zurückzufallen, aus der puren Lust heraus, die Düne unter wildem Geschrei hinunterzustürzen. Um so besser, wenn der Körper sich dabei streckt, entspannt, Muskeln aufbaut und durchlüftet, während sein Bewohner sich beim Expeditionsspiel amüsiert.

Maurice, mein Gott, was warst du steif und linkisch in den Gängen des Flughafens. Als ob du in der Weite des Raums keinen Platz hättest. Ich, der als Junge die Sportstunden und -hallen mied, weiß aus eigener Erfahrung, was das Wort »ungeschickt« bedeutet, und deshalb warst du mir mit deiner Unbeholfenheit sofort sympathisch. Du hattest überhaupt nicht das Profil eines Abenteurers, weder körperlich noch dem Äußeren nach, doch du warst vermutlich der Abenteuerlustigste unter uns, denn du hattest den Ausbruch aus der Form, aus dem Rahmen gewagt. Auf deinem Gebiet als Kapazität geachtet, hättest du dich leicht in deinem Ansehen, deinem gesicherten Wissen über die Dinge, die Menschen und das Leben verkriechen können und aus Bequemlichkeit, Nachlässigkeit oder geheimem Verletztsein einen Teil deiner selbst aufgeben und mehr schlecht als recht Bewohner deines eigenen Körpers sein können. Was weiß man schon von den Leiden des anderen? Aber trotz deiner Zweifel, deiner Ängste, die du mir mitteiltest, dem Eindruck, ein »Scheißleben« zu führen, war deine Frische unversehrt.
Ein roter Faden verband das Staunen des 5-jährigen vor einem weihnachtlichen Schaufenster mit dem des 60-jährigen angesichts der Wüste. Denn du hattest Lust dazu. Das sanfte und mysteriöse Begehren, ohne

das die Existenz hohl wäre. Denn du träumtest schon so lange von der Wüste, dass sie bereits ihre Spur in dir hinterlassen hatte, noch bevor du einen Fuß in sie setztest. Wie eine Lebenskraft, die alles Verrostete, alles Abgenutzte in dir, wegscheuerte und polierte, denn tief in deinem Inneren warst du intakt, weil lebendig geblieben. War es nicht das, was diese ursprüngliche Landschaft dir vermittelte? Dieser trockene, unberührte Schelf, bar jeder organischen Materie, bei dem der Verfall des Steins zu Sand einem Fest gleichkommt? Indem du zugelassen hast, dass die Wüste unter deinen Füßen Gestalt annimmt, hast du in ihr Wurzeln geschlagen. Ein schöner Baum ist in dir gewachsen, mindestens ein Mammutbaum oder ein Bergahorn, in dessen Schatten du inmitten der Dünen das auszukosten scheinst, was das Wandern dem Wanderer bietet: die eigene Fülle.

Wanderer, lass es geschehen! Die Wüste bietet dir ihre Reinheit, ihre Stille, ihren Raum, um deine Wahrnehmung zu säubern, zu verfeinern, zu schärfen, und ihr Atem soll dich aufwühlen, wenn der Sand unter deinen Füßen dahinrieselt wie ein Teppich aus Licht.

Wandern in der Wüste heißt, seinen Körper in ein Musikinstrument zu verwandeln und aus dem vertrauten Stein zarte Saiten zu schleifen, zu meißeln, über die die Wüste mit ihren stummen Fingern streicht, um ihre Sinfonien aus Felsen, »Schlössern« und Dünen zu spielen.

»Das Zimmer«, unser drittes Lager, ist ein magischer Ort: die Vorhut einer Gruppe im Sand steckender Pilzfelsen, die sich am Rand des Wadis auftürmen. Man muss über die Düne kommen, die es begrenzt und um mehr als 4 Meter überragt, um weiter unten diesen einmaligen natürlichen Unterstand zu entdecken: ein wirkliches Zimmer in Form eines Halbkreisbogens, der an einem Ende in ein herausgemeißeltes beeindruckendes Löwenmaul mündet. An der Nordseite gibt ein aus der Felswand herausgehöhltes spitzbogiges Tor den Blick auf eine großartige Keule von 15 Metern Höhe frei.

Wir sind nicht die erste Gruppe, die hier ihr Lager aufschlägt. Spuren von Felsmalereien, die Wind und Sand leider ausgelöscht haben, eine kleine eingravierte Spirale und Tonscherben am Boden bezeugen, dass vor vielen Jahren andere Menschen hier Halt gemacht haben. Wie lebten sie? Wovon träumten sie? An diesem Abend liegt Fröhlichkeit in der Luft.

» Man klettert nicht auf Dünen, um Sport zu treiben, sondern weil es schön ist, weil es gut ist, zu ›versanden‹ und in die Kindheit zurückzufallen. «

Im »Zimmer« zu schlafen ist so verlockend, so Teil des Spiels, dass unser ganzer »Indianer-Stamm«, sogar die größten Einzelgänger, sich darin versammeln und dort ihren Schlafplatz rund ums Feuer einrichten. Durch die Wirkung des Wanderns und der Wüste fallen die Masken ab.

Die Zeit, diese erdrückende Neigung, stets in unseren Köpfen spazieren zu gehen, von der Vergangenheit in die Zukunft und von der Zukunft in die Vergangenheit,

Ob in hartem oder weichem Sand, die Fußabdrücke des Wanderers mischen sich mit den Spuren des Windes und den selteneren des Wassers nach einer für Tagrera unvorstellbaren Regennacht (Tassili du Hoggar, Algerien).

» Die Wüste entleert den Menschen seiner selbst, um ihn neu zu füllen mit dem Licht, das den Stein rot leuchten lässt, dem Duft des brennenden Akazienholzes. «

ist aus ihrer Verankerung gerissen, hat ihre papierene Maske verloren. In der Wüste, weit weg von unseren alltäglichen Gewohnheiten, Zwängen und Aufgaben, besteht nicht mehr die geringste Notwendigkeit, sich für wen oder was auch immer auszugeben. Es gibt nichts zu beweisen – von unseren eigenen Augen abgesehen, betrachtet uns hier niemand. Unsere Gefährten sind wie wir auf Urlaub – von uns selbst.

Eines Abends stellt man erstaunt fest, dass etwas im Inneren die Daseinsberechtigung verloren und losgelassen hat: die Rolle, die Erscheinung, unsere Zweifel von gestern und unsere Ängste vor dem Morgen. Eine Offenheit stellt sich ein, die auf den wieder in Bewegung gesetzten Körpern und Sinnen ruht. Der lebendige Körper wird zum Auge und Ohr. In der wieder entdeckten Wachheit wird die Landschaft spürbar. Man erfährt eine tiefe innere Vertrautheit mit dem, was sich zeigt. Die Wüste entleert den Menschen seiner selbst, um ihn neu zu füllen mit dem Licht, das den Stein rot leuchten lässt, dem Duft des brennenden Akazienholzes, diesem aberwitzig verspielten Felsen über dem fein herausgemeißelten Panzer. Dabei fühlte man sich nie zuvor so sehr im Einklang mit sich selbst. So als ob das Sein, befreit von jedem Gedanken, jedem Bild, jeder Geschichte sich den Dimensionen der sich im eigenen Inneren ausdehnenden Wüste öffnet. Einer Wüste, die enthalten ist in diesen Augenblicken der Wahrnehmung, in denen nichts zu verändern ist, denn in ihrer Schlichtheit und ihrer reinen Präsenz sind sie die Vollkommenheit selbst.

Die Wüste gewinnt also an Macht. Am Fuß von In Meskor bildet das »Tal der Buddhas« das Vorspiel zur Unendlichkeit. Doch zuerst müssen wir den Wadi Tagrera durchqueren. Bis hierher haben wir uns nie allzu weit von den Reliefs entfernt. Am Rand des Wadis, am Gipfel der Barchane, die das Licht allabendlich zärtlich umspielt, spricht die Weite. Im Süden sieht man in der Ferne eine vertraute Gestalt, die Pyramide von In Abezzegui. Jenseits davon nichts. Im Norden stürzt sich die Weite des Wadis zwischen zwei Tassili-Massiven hindurch in den Tin Tarabine ins Nichts! Uns gegenüber liegt im Osten auf der anderen Uferseite die Hochebene In Meskor. Und noch dazu hätte zwischen uns und der gewaltigen Wand, die den Horizont begrenzt, ganz Paris Platz.

Die Weite der Wüste ist wie die Stille der Musik. Was wären die »Schlösser«, wenn sie keinen Raum hätten, in dem sie tanzen könnten? Was wäre Musik ohne Stille? Eine Abstraktion! Was wäre die Weite ohne die Reliefs, die sie singen lassen? Eine Erfahrung, eine Einweihung ins Unermessliche. Los geht's.

Hatten wir jemals zuvor Gelegenheit, einen derartigen Raum zu durchqueren, physisch darin einzutauchen? Fast könnte man vertrauensvoll mit geschlossenen Augen dort wandern, sich nur dem Gefühl überlassen. Der Körper übernimmt das Ruder, findet von selbst festen Halt und einen eigenen Rhythmus. Die Füße rollen genüsslich auf dem Boden ab, Ferse, Sohle, Zehen. Die Arme schwingen natürlich, die Schultern und Ellenbogen entspannen sich, die Hitze der Hände fließt in den Boden. Man spürt die Knie und die Hüften als gehorchten sie einer geölten Präzisionsmechanik. Eine frische Brise streift sanft über die von der höher steigenden Sonne verbrannten Wangen. Ist da ein Wanderer auf der Reg? Die Wahrnehmungen genügen sich selbst und vermitteln den Eindruck, man könne in der Wüste kopflos daherlaufen. Man schlägt die Augen auf. Spontan atmet man tiefer angesichts der Weite ringsum. Die Zellen nähren sich nicht mehr nur von Luft, Wasser und Lebensmitteln, sondern auch vom Licht und der Unermeßlichkeit. Das gleißende Licht vermittelt einen fast ozeanischen Eindruck. In der Ferne das näher rückende pechschwarze Plateau, die mächtige orangefarbene Düne, der Himmel so blau. Zu beiden Seiten erstreckt sich eine vollkommene Ebene aus gelbem makellosen Sand, seine schwachen Wellen auf dem Boden wogen bis in die Unendlichkeit. Die unermessliche Wüste.

Nach einem dreistündigen Marsch in dieser formlos gelben, leeren Wanne nimmt das kleinste Detail im grellen Schein erstaunliche Konturen an: wie der kristallene Kern vom Klang eines Klaviers, dessen Töne nach langer Stille in einem Lauf hervorbrechen.

Allmählich überzieht sich der Raum mit seltsamen Steinkrusten. Vereint bilden sie schließlich gewaltige Panzer. Manche erinnern an gestrandete Jakobsmuscheln, die auf die Rückkehr des Meeres warten. Gleichsam erschrocken über diese Invasion von riesigen Insektenrücken errötet der Sand und flieht in Zickzacklinien über den Boden; um den kleinsten Kiesel häuft er Dünen an, die sich zum Erg (Sandwälle und -dünen) türmen.

Zuerst gab es nichts. Doch nun tauchen überall in der Weite vor uns Formen, Farben, lange Schatten, Lichtstrahlen, Rhythmen und andere Spannungselemente auf. Nun sind es keine Töne mehr, es ist eine Sinfonie! Als ob unser umherschweifender Blick dieser Titanenlandschaft Gestalt verleihen könnte, dieser gewaltigen anthrazitfarbenen Wand, die sanft wogt, ihren dunklen Teppich ausbreitet und zusammenstürzt, meisterhaft zerteilt in Hochebenen und Täler, die der Sand erobert.

Was für ein Gefühl durchflutete mich, als ich das erste Mal an diesem unberührten Ufer des Oued Tagrera landete! Die Alten aus Tam sagten mir, dass die Karawanenfahrer es Taguelmam Semed nennen: die erstarrte Guelta (Wasserstelle). In fünfundzwanzig Jahren habe ich dort nur ein einziges Mal Wasser gesehen, aber stets den gleichen Unterschlupf der Schakale, deren Heulen im Mondschein den Nächten in Tagrera zuweilen eine transsilvanische Stimmung verleiht. Mehr noch als man sie hört, stößt man auf ihre Spuren. Manchmal sah ich sie in der Ferne vorüberschleichen. In der Jungsteinzeit war diese Gegend besiedelt. Eine tiefe Freude über-

Verschiedene Ansichten von Taguelmam Semed, dem »Tal der Buddhas«, im Osten des Wadis Tagrera (Tassili du Hoggar, Algerien).

> » Die Zellen nähren sich nicht mehr nur von Luft, Wasser und Lebensmitteln, sondern auch vom Licht und der Unermesslichkeit. «

kam mich, als ich unvermutet auf bislang unentdeckte eingravierte Giraffen, Nashörner und Elefanten stieß, auf Werkstätten mit behauenen Steinen, auf vergrabene Tonwaren. Ich war vielleicht das erste menschliche Wesen, das sie wiedersah, seit die Menschen, die vor der Wüstenbildung hier gelebt hatten, sie zurückließen. Die goldene Regel wäre, sie zu betrachten, ohne etwas zu berühren oder zu bewegen. Mit Ausnahme einiger geheimer Orte, zu denen bis heute nur die Wanderer von Terdav Zugang haben, wurde das Gebiet nach der Ankunft der fahrbaren Drachen leider geplündert.

Dieser Ort beeindruckte mich. Zum ersten Mal entdeckte ich eine einzigartige Welt, der nichts, was ich mir vorstellen konnte, gleichkam. Es war etwas unglaublich Schöpferisches, Imaginäres, das die von jeder Erinnerung freien Götter geschaffen hatten, um zu spielen, zu erstaunen, zu berühren. Nicht gestern oder vorgestern, jetzt, indem sie sich ausgelassen dabei amüsierten, etwas sechs Milliarden Jahre Altes immer neu entstehen zu lassen, sobald ein Wanderer vorbeikam. Und natürlich zerfetzt die Schönheit hier genüsslich jede Form, in die das Denken sie einzusperren sucht. Sie taucht auf, überrascht und bezaubert mich, so wie mich meine Großmutter faszinierte, als ich noch ganz klein war, den honigsüßen Worten aus ihrem Mund lauschte und mich vom Däumling in seinen Siebenmeilenstiefeln mitreißen ließ. Das sind die Augenblicke meiner Kindheit, in welchen sich Verwunderung und Entsetzen auf unerklärliche Weise verbanden. Zwischen zwei Reisen durch die Sahara, deren Sand bereits meine Träume eroberte, hatte ich in Paris beschlossen, diese Wüste der Angst, der Schatten und des Lichts über gefährliche Pfade der Emotionen und Worte zu erforschen. Ich brauchte viele Jahre, um zu begreifen, dass Opfer ihre unversöhnlichsten Henker sein können und Bettler Könige auf der Suche, die unberührte Wüste dagegen ist der wahre Therapeut.

Das Tal der Buddhas? Keine Märchenpfade führten zu den Plateaus hinauf, sondern Dünen mit Schwindel erregenden Abhängen. Ich bestieg sie vom Fieber eines

Schatzsuchers erfasst, das mir aus den Erzählungen meiner Großmutter geblieben war. Dabei zählte die Forscherfreude genauso viel wie die Frucht der Entdeckung. Ich erklomm die höheren Lagen Tagreras. Auch hier gab es keine Menschenfresser – außer steinernen. Das Tal wurde überragt von einem großartigen Plateau aus einer Reihe verrückter Basreliefs, die gewaltigen Buddhas aus Sandstein gleichen.

Doch der Höhepunkt Tagreras lag noch vor uns. Auf zu den »Schlössern«!

Wieder am westlichen Ufer des Wadis angelangt, laufen wir immer noch über denselben makellosen Sandteppich mit seinen Kompositionen aus Dünen und erodierten Felsen, die die Phantasie beflügeln. Hier der »Kopf eines Afrikaners«, dort zwei Zwillingsgipfel, die einen »Hut hin- und herwiegen«, weiter weg ragen aus dem Sand die »Füße eines Elefanten« empor, der von den Göttern auf dem Rücken liegend eingegraben wurde und seiner Rettung harrt.

Unmerklich verändert sich der Maßstab der Landschaft, gleich Wogen, die sich vor einem Sturm kräuseln. Vom »Zimmer« zu den »Schlössern« folgen lang gestreckte Dünen aufeinander wie eine Reihe bedrohlicher, schaumgekrönter Wellen. Die ersten sind nur einen oder mehrere Meter hoch, während für die dahinter liegenden eine Stelle vor dem Komma dazukommt. Sogar eine zweite für den riesigen Sandberg, der unsere Felswand in Gestalt eines U-Bootturms überragt, dort, wo sich die unglaubliche Kulisse der »Schlösser« erhebt.

Ich taufte die wichtigsten Reliefs ganz spontan, weil ich die Ortsnamen nicht kannte und unser Gebiet markieren wollte. Selbst Jahre später verwendeten die Fahrer noch immer unsere Bezeichnungen, ohne deren Herkunft zu kennen. Die »Schlösser« – der Name springt gewissermaßen ins Auge. Ich hätte sie auch Burgen, Kathedralen, Dinosaurier nennen können – oder sie namenlos lassen. Es war ihre Präsenz, die mich anzog und den unwiderstehlichen Wunsch weckte, zu ihnen zu gelangen. Nichts ließ darauf schließen, was ich dort entdecken sollte. Wie könnte man von weitem ihre gewaltigen Dimensionen erahnen, ihre Vollkommenheit, die mit Worten nicht zu beschreiben ist? Warum wandte ich mich ganz instinktiv genau dorthin? Weil ich auf der Suche war, weil ich mich in die Schönheit verliebte, bevor ich sie gesehen hatte, und weil ich wanderte.

Durchquerung der höheren Lagen Tagreras: verschiedene Ansichten von der höchsten Stelle des Plateaus, welches das »Tal der Buddhas« überragt (Tassili du Hoggar, Algerien).

» Das Tal wird überragt von einem großartigen Plateau: eine Reihe verrückter Basreliefs, die gewaltigen Buddhas aus Sandstein gleichen. «

Die Unermesslichkeit

»Wie soll man von weitem
die gewaltigen Dimensionen,
die Vollkommenheit
dieser »Schlösser« aus Sandstein
erahnen, die mit Worten
nicht zu beschreiben ist?«

Seiten 80–81: Erkundung der »Schlösser« von Tagrera über den »Königsweg« von Tin Akachaker (Tassili du Hoggar, Algerien).

Rechts: die »Felsen-Dome« von Tagrera.

Bögen, Gipfel. Türmchen, Schatten und Licht. Tagrera ist ein Kunstwerk, das im Blick des Wanderers erwacht (Tassili du Hoggar, Algerien).

Seiten 86–87: Besteigung eines der »Schlösser« von Tagrera.

Oben:
»Worte« aus Stein
(Tassili du Hoggar,
Algerien).

Rechte Seite:
ruinenartige Erosion
des Sandsteins,
die dem Felsenring
den Anschein einer
Festungsmauer
verleiht (Tassili du
Hoggar, Algerien).

Rechts: Zeichenspiele in Taguelmam Semed (Tassili du Hoggar, Algerien).

Seiten 92–93: große Düne zwischen dem zweiten und dritten »Schloss« von Tagrera (Tassili du Hoggar, Algerien).

Seiten 94–95: Inmitten der »Schlösser« tun sich unerwartet weite Plätze auf und geben den Blick frei auf überwältigende Landschaften, wie hier im Hintergrund das »Tal der Buddhas« (Tassili du Hoggar, Algerien).

Die »Buddhas«

hatten es uns bereits gezeigt: Unmöglich, sich eine solche Kulisse vorzustellen. Die rätselhafte schwarze Masse des Plateaus weiter im Norden verwandelt sich unvermittelt in ein wahres Meisterwerk, als hätte ein inspirierter Bildhauer aus einem unförmigen Marmorblock eine geniale Skulptur entstehen lassen.

Zitadellen reihen sich aneinander, hoch, gewaltig, mächtig, aufgesetzt auf Wandformationen, die das Erdinnere fortzusetzen scheinen. Dennoch, ihre Spitzen, Türme und ihre Wehranlagen erheben sich, als wollten sie abheben, sich aus ihrer Verankerung lösen und sich selbst und die ganze irdische Landschaft in ihrer steinernen Umarmung fort reißen.

Zu ihren Füßen setzt ein verrücktes Gewirr aus weiteren Massiven die titanischen Massen und Rundungen ins Unendliche fort. Der Sand umzingelt sie und überwältigt sie, unterdrückt sie mit Wellen, die wie an Festungsinseln anbranden. Die Dünen häufen sich auf, türmen sich höher und höher, lehnen sich an die Zitadellen. Die wagemutigsten stürzen sich über die Kronen, bedienen sich schmalster Gänge und verwandeln sie in Mauern aus Sand. Zuweilen sieht man weit oben zwischen zwei Türmchen ihre abgerundeten Spitzen wieder auftauchen.

Plötzlich möchte ich dort oben sein. Auf diesen unvergleichlichen überhöhten Dünen, die aus der Ferne gelbe Flecken im Braun des Steins bilden. Ohne recht zu wissen, von woher sie kommen, wohin sie gehen. Stets mit diesem seltsamen allgegenwärtigen Gefühl, mich auf der entfernten Düne abzuzeichnen, als ob ich sie in mir spürte, noch bevor ich dort bin. Nur um mich später keuchend und glücklich auf ihrer Spitze wiederzufinden.

Beim Aufstieg über die Dünen stellt man fest, dass die »Schlösser« hinter ihren uneinnehmbaren Mauern leer, ausgehöhlt und in verschiedene Lagen unterteilt sind. Das Spiel besteht darin, immer höher zu steigen, Durchgänge zu finden, um die verstecktesten Winkel zu erforschen. Sobald der Sand aufhört, betritt man den Fels. Wie wär's mit ein wenig Klettern? Vorsicht! Hinauf geht es immer leichter als wieder hinunter und der Sandstein ist bröckelig. Man muss stets Bezugspunkte suchen, um sich nicht – wie in Legenden berichtet wird – zu versteigen und verängstigt und verrückt endlos den Gipfel zu umkreisen, ohne wieder hinabklettern zu können.

Das »Pistenspiel« beginnt. Gässchen kreuzen sich wie in einem Labyrinth und münden zuweilen in steil abfallende Sackgassen. Vorsichtig beugt man den

Kopf nach vorne, um 100 Meter in die Tiefe zu blicken: Am Grund der gefalteten Dünen liegen fünf runde Felsen einfach so rum, ihre perfekte Lage symbolisiert die Unendlichkeit.

Buchten, Bullaugen, Fenster – die kleinste Öffnung lässt die Pracht des Schauspiels neu beginnen. Sie liefert den Rahmen für das Werk, das vor unseren Blicken entsteht: die reine Abstraktion aus Schrägen, Krümmungen, Vertikalen und sogar subtilen bichromen Tönen oder Gestalten, die sich nur hier oben entfalten können.

Sobald ein Wanderer hier vorbeikommt und den Maßstab vorgibt, wird uns bewusst, wie monströs, verrückt und herrlich das Universum ist.

Wir versuchen höher hinaufzusteigen, um zu verstehen. Wir durchqueren Becken in Form einer Arena, erklimmen Schildkrötenpanzer und aus Steinen aufgehäufte Federkissen, in denen Götter schlummern. Eine gewaltige Terrasse überragt das vierte »Schloss« Tin Akachaker, das wegen seiner kristallinen Masse vielleicht das schönste ist: kleine Forts, Dinosaurierställe und Mauern aus Sand.

Mehr als anderswo verspürt man hier den Stoß in der Magengegend, den uns die »Schlösser« versetzen. Sie entstehen aus dem Nichts. Dieses Nichts ist wahrnehmbar im Raum, der sie in zyklopische Blöcke trennt oder bis in die Unendlichkeit umgibt. Ihre Dimensionen wirken dadurch nur noch überwältigender, als ob diese Leere bezogen auf die Fülle eine Macht, eine Präsenz ausströmt, die ihre Formen transzendiert. Ein maßloser Zen-Garten.

Gerade bei den »Schlössern« spürte ich, dass die Wüste viel mehr ist als eine Landschaft. Vielleicht weil hier alles auf die Spitze getrieben ist. Es war als ob die Einführung der ersten Tage Raum, Zeit, Stille und Schönheit, die durch das Wandern deutlicher zutage traten, diese Begegnung vorbereiten wollte. Was ist die Wüste wirklich? Das aus Büchern gewonnene Wissen, das besagt, die »Schlösser« schwankten wie der Turm von Pisa, weil sie von einem Feuerriesen aus dem Pleistozän angehoben wurden? Oder ist die Wüste das, was sie uns am eigenen Leib fühlen lässt?

Mir fehlen die Worte. Ich hätte die Zitadellen »Macht«, »Pracht« oder »Ruhe« nennen können. Nicht einer dieser Namen würde jemals dem Gefühl in ihrer Nähe gerecht. Gefühl? Nachdem die Wüste unter den Füßen des Wanderers Gestalt angenommen hat, erschüttert sie – seine Augen? Als Kind hatte ich den Eindruck, dass die Dinge mit mir sprächen. Die Wolken, die Bäume, die Flüsse, die Eidechsen, die Wände, die im Wind fliegenden abgestorbenen Blätter, ein einfaches Stück Papier, das zusammengeknüllt auf einem Tisch lag. Und auch die Musik trug zur Entwicklung einer Sensibilität bei, die sich im Lauf meines Lebens noch steigerte.

In ganz besonderen Augenblicken fühle ich, dass alles, was mich umgibt, Träger einer sehr vertrauten Resonanz ist, eines unbekannten Sinns von unendlichem Wert. Dieser erschließt sich in einer geheimen Sprache, von der ich ahne, dass sie nur zu mir spricht, die gänzlich enthalten ist in der Präsenz, der Einzigartigkeit dieser »Dinge«, die untrennbar mit meiner Aufmerksamkeit und meinen Gefühlen verbunden ist. Die Wüste und das Wandern verstärken dieses Phänomen über alles Vorstellbare hinaus. Jede Wahrnehmung, geschärft durch die Reinigung unserer Sinne und vertieft durch die Weite, das Licht und die Stille, formt

» Die Zitadellen reihen sich aneinander, hoch, mächtig, aufgesetzt auf Wandformationen, die das Erdinnere fortzusetzen scheinen. «

Linke Seite: verschiedene Ansichten der »Schlösser« von Tagrera, erobert von Dünen, deren titanische Dimensionen und Rundungen einzigartig sind in der Sahara (Tassili du Hoggar, Algerien).

Oben: Tin Akachaker (Tassili du Hoggar, Algerien).

sich zu einem begreifbaren, nahezu plastischen Sinn. Die Schönheit verweist direkt auf ihre Quelle. Die Emotion entsteht als Trägerin aller Fragen, die tief im Menschen entspringen; deren letztendliche Antwort die Basis, den Ursprung eben dieses Menschen bildet.

Wie oft in der Sahara, so ist auch die Szenerie der »Schlösser« in Präsenz und Stille getaucht, so dass man den Eindruck hat, einen heiligen Ort zu betreten. Die Akustik trägt dazu bei. Die gewaltigen Gesteinsmassen hallen wider, werfen den Klang von allen Seiten als Echo zurück wie

» Sobald ein Wanderer hier vorbeikommt und den Maßstab vorgibt, wird uns bewusst, wie monströs, verrückt, herrlich das Universum ist, das uns umgibt. «

in einer Kathedrale. Ein Ort, an dem kein Kult betrieben wird, denn die Zelebration steckt in der Landschaft selbst. Ein Ort, an dem von jedem suchenden Menschen verlangt würde, sich vollständig zu entblößen, damit die Dünen ihre Worte aus Sand offenbaren.

»Worte aus Sand, Worte aus Sand, habe ich ein Maul für Worte aus Sand«, scheint der Stein zu röcheln, der sein letztes Wort noch nicht gesprochen hat. Freundlicherweise bietet er uns gelegentlich sicheren Tritt und Halt, fast schon eine Treppe, um den Aufstieg zu Ende zu bringen. So gelangt man zu den zugigen Zimmern am Fuß der Gipfeltürmchen. Nicht sehr zen-mäßig, der Garten, eher irrwitzig. Schutzlos den Angriffen des Windes ausgesetzt, sind die Felswände zerhackt, zerbombt, bis zur Unkenntlichkeit zermahlen. Das sind keine Ruinen mehr, sondern Kadaver. Gleich zehn wütende Riesen mit auf dem Boden verteilten, herausgerissenen Eingeweiden. Unsere zehn Paar Stiefel zermalmen um die Wette tausende von steinernen Krusten unter dem Klirren zerbrechenden Porzellans. Unfassliche Gewalt, Apokalypse, ungeheuerliches Chaos.

Dennoch, nachdem der erste Schock in dieser zerfallenen Landschaft überwunden ist, zeigt sich ihre Schönheit: waagerechte, tief ausgehöhlte Schichten in den weichen Lagen aus Sandstein, runde Nischen, die rhythmisch aufeinander folgen, Skulpturen aus herausgemeißelten Waben, Wandfresken; Spitzen, die zerbröckeln, sobald man sie mit dem Finger berührt, wobei ich mich stets frage, wie lange es gedauert hätte, bis sie von selbst zerfallen wären.

Am Fuß des Steins ballen sich kleine Dünen zusammen, sinnenfreudig, so als wollten sie ihn ehren. Ich gehe ein Stück weiter, um voller Glück zu entdecken, dass die unbezähmbaren Dünen aus einem gigantischen Gang entflohen sind, den ich noch nicht kannte. Der »Todesgang«, der sich schwindelerregend bis zum Fuß des »Schlosses« hinabstürzt. »Dort gehen wir hinunter!«

Ich nehme ein wenig des überaus feinen Sandes in meine Hände. Dieser Sand macht mich glücklich, so sehr liebe ich seine Berührung, seine Struktur, seine Geschmeidigkeit, seine Art, durch den

Schwung seiner Dünen und seiner Farbe jeden Ort Tagreras prachtvoll zu verherrlichen. Ich lasse ihn durch die kleine Öffnung meiner geschlossenen Faust wie in einer Sanduhr auf den Fels rieseln.

Da verstehe ich. Der Stein hat uns an unserem letzten autofreien Tag in seinen Friedhof geführt, nicht um uns das Geheimnis der Wüste, die in ihrer Nacktheit keines hat, zu offenbaren, sondern unser eigenes Geheimnis und das der Schönheit Tagreras.

Stein und Sand sind unzertrennliche Verbündete, die vereint – ich muß es einfach immer wieder sagen – die schönsten Landschaften der Sahara schufen. Weil ich es gelesen hatte, wusste ich, vereinfacht gesagt, dass Sandstein aus verfestigtem Sand besteht, doch niemals zuvor hatte ich gespürt, was sie tief im Innern miteinander verbindet.

Der Sand ist das Lachen des Steins, der sich unablässig dafür bedankt, sich in so schöner Gesellschaft auflösen zu dürfen. Ein Lachen, das rieselt, befreit vom Gefängnis der Formen, dem es gleichgültig ist, wie ein Fluss durch unsere Finger zu rinnen, der wie ein Kampfflugzeug summt, wenn die Trillionen von Sandkörnern einer Düne in einer Lawine Schicht auf Schicht dahingleiten und zu singen beginnen. Lachen, das sich seinem Geliebten anbietet, dem ungestümen Wind, um in der Landschaft zu tanzen, bis zu den »Schlössern« hinaufzufliegen, in sein Muttergestein vergängliche, herrliche und nutzlose Kunstwerke zu schleifen, die, einige tausend Jahre später ihrerseits unter den Füßen zukünftiger Wanderer lachen werden.

» Der Sand ist das Lachen des Steins, der sich unablässig dafür bedankt, sich in so schöner Gesellschaft auflösen zu dürfen. «

Sogar in der Nacht lacht der Sand bei dem Gedanken, dass es über unseren Köpfen vielleicht ebenso viele Planeten gibt wie Sandkörner in der Sahara.

Lachen des Steins, Lachen des Sands, Lachen des Wanderers, wenn ein Wort für all die Jahre in Tagrera stehen sollte, dann wäre es: Freude.

Verschiedene Ansichten von Süden und Westen von Tin Akachaker, einem der schönsten »Schlösser« Tagreras (Tassili du Hoggar, Algerien).

Das Wasser, der Stein

» Wie die Wogen des Meeres
das Wasser singen lassen,
so lässt die gewaltige Flut
des Sandsteins von El Ghessour
den Stein singen. Ein steinernes Herz,
in dem zuweilen wie durch
ein Wunder Wasser fließt ... «

Seiten 100–101:
die »Schlösser«
von El Ghessour
(Tassili du Hoggar,
Algerien).

Seiten 102–105:
die Schlucht
El Ghessour.

Rechts:
Jenseits dieser Geisterfelsen erstreckt sich eine gewaltige schwarze Hochebene bis zum Wadi In Ebeggi.

In den Tassilis verwandelt die Erosion des Sandsteins das Felsgestein zuweilen in filigrane Mauerwände oder Gedichte aus Stein (Tassili du Hoggar, Algerien).

Rechts:
Ruhe und Stille in El Ghessour, einer ursprünglichen Landschaft, noch unberührt von der Zivilisation.

Seiten 112–113:
E Ghessour oder der »Steinerne Planet«

In der pechschwarzen Nacht

betont der unter meinen Schritten

laut knirschende Kies die Stille. Es ist unglaublich mild, die Luft riecht nach Stein. Ich knie mich in den Sand und blase in die warme Glut des Feuers vom Vorabend. Trockenes Reisig und einige in Mikadoart darüber gelegte Zweige genügen, um die Flammen wieder anzufachen. Die gewaltige Sandsteinzunge, die mich überragt, wird vom ersten Schein des Feuers erhellt und hallt wider vom Glucksen des Wassers, das ich aus dem Kanister in den Wasserkessel gieße. Brigitte, eine Chorsängerin, stimmt ein Lied an, um uns den Sonnenaufgang zu verkünden. Ihr Vorschlag, unser Wecker zu sein, wurde angenommen und meinen Löffelschlägen auf das Kochgeschirr vorgezogen. Ringsum flackern Stirnlampen auf, Silhouetten regen sich im Halbdunkel: gedämpfte Geräusche, Rascheln der Schlafsäcke, Zippen der Reißverschlüsse. Es ist fünf Uhr, Tagrera erwacht. Wie immer stehen wir in aller Frühe auf, um gegen 8 Uhr loswandern zu können. Doch die heutige Etappe droht lang zu werden.

Nach einer Woche »Erlebnis Sahara« in Tagrera brechen wir auf zu neuen Abenteuern, um zu Fuß die Gegend von El Ghessour zu erkunden, einer weiteren »Schatzkammer« der Sahara, die ich unter ganz besonderen Umständen entdeckte.

Ein Jahr zuvor war ich mit einer Terdav-*Gruppe in Tagrera unterwegs. Zur Überbrückung der zwischen Tam und dem Tassili liegenden 200 Kilometer gibt es so viele Reiserouten wie Wadis, die dort hinab führen. Jeder fahrende Führer fand immer bessere Wege, um die letzten Ausläufer des Hoggar-Gebirges zu überqueren und die unendlichen Mäander der Wadis im weichen Sand abzukürzen. Viele von ihnen gelangten zum Oued (Fluss) Tin Tarabine, dem wahren Tor zum Tassili. Unser Fahrer jedoch war ein wenig vom Weg abgekommen. Um die verlorene Zeit wieder einzuholen, beschloss ich, Tin Tarabine, der den Tassili mehr im Norden kreuzt, wegzulassen, um direkt zu unserem Lager in Tagrera zu gelangen, indem wir dem westlichen Rand des Massivs, das ich nicht kannte, folgten.*

Im Süden bildet das Tassili du Hoggar, gänzlich verschliffen und von Dünen überzogen, eine wundervolle Landschaft aus Sandstein und Sand, die »Schlösser« von Tagrera. Weiter im Norden wirkte es kompakter, strenger, nicht so interessant. Nur eine beeindruckende Folge von Wehranlagen und Türmchen, die einen recht breiten, akazienbestandenen Wadi über-

ragten, schien die Gleichförmigkeit des Plateaus zu durchbrechen. Doch wir konnten nicht anhalten, es war schon spät und wir wollten so rasch wie möglich Tagrera erreichen.

Sechs Monate später, gegen Ende der Saison im April 1978, hatten unsere durch die Presse bekannt gewordenen »Sahara-Erlebnisse« dazu beigetragen, Terres d'Aventure *als Pionier für eine neue Art zu reisen weithin bekannt zu machen. Wir machten uns auf die Suche nach einem neuen Spielgelände. Drei Wochen durchstreiften wir das Gebiet von der Grenze nach Mali bis zu den Rändern des Tassili du Hoggar und entdeckten schöne Flecken. Aber nichts mit Tagrera Vergleichbares. Da uns noch eineinhalb Tage blieben, schlug ich vor, diesen von »Schlössern« überragten Wadi, der mir seit unserem Missgeschick keine Ruhe mehr ließ, zu erforschen. Was für ein Schock! Der Ort, den wir seit drei Wochen suchten, war nur zwei Schritte von Tagrera entfernt, beinahe könnte man sagen »um die Ecke«. Während die Weite des Raumes und der Sand von Tagrera vollendete Ästhetik und Harmonie verkörpern, so wirkte die steinerne Nacktheit von El Ghessour, ausgehöhlt und eingemeißelt inmitten der Hochebene, wie eine von der Apokalypse zerstörte labyrinthische Stadt.*

Als wir die riesige Treppe, die uns zum Herz dieses steinernen Atlantis führte, hinaufstiegen, fühlten wir uns in die Kulisse eines Abenteuerfilms aus den 40er Jahren versetzt. Die von weitem gesehenen Reliefs waren nur die hoch aufragenden Vorposten eines gewaltigen und neuen Gebiets. Was würden wir dort entdecken? Der von jeder Autospur unberührte Wadi war offenbar nur einigen Mufflonjägern bekannt und vervollständigte auf wundervolle Weise unsere Entdeckungen in Tagrera. Ein wenig frustriert, weil wir nicht länger bleiben konnten, beschloss ich, diese Erkundung als Premiere für eine zukünftige Reise mit einer Gruppe einzuplanen.

Mit einem letzten Blick auf das Lager, das ich gerne so unberührt verlasse, wie wir es vorgefunden haben, gebe ich das Zeichen zum Aufbruch. Unsere Spuren im Sand wird der Wind in den nächsten Stunden auslöschen. Wir verlassen die Ringmauer der »Schlösser« und der Dünen, mitten auf einem Platz tauchen die ersten Strahlen des Tages ein 10 Meter langes, hoch aufgerichtetes »Bügeleisen« in zartes Rot.

Tin Akachaker, das nun hinter uns liegt, markiert die nördliche Grenze von Tagrera. Der hellgelbe Sand beschreibt in klaren und sanften Schwüngen prachtvoll die Einheit seiner Landschaft. Weiter im Norden findet das viel weniger zerhackte Plateau zu seiner ursprünglichen Struktur zurück. Die Dünen verschwinden und lassen den Fels mit Ausnahme einiger roter Barchane (Dünen in Halbmondform) und des Sandes der Wadis kahl. Sein vom Vulkanismus angehobener Rand verleiht dem unwahrscheinlichen Durcheinander der Reliefs, die seinen Panzer umstürzen, eine leichte Neigung. Durch mein Fernglas erkenne ich ein Chaos ungehobelter Formen und unüberwindlicher Tellerstapel. Wir werden es von der Seite versuchen.

Der Boden ist gänzlich mit seltsamen Röhren sowie klingenden Steinen und Platten übersät, die unsere Schritte sin-

» Diese leuchtende Landschaft, so objektiv in ihrer Materialität, reißt plötzlich von oben nach unten auf wie ein papierner Vorhang unter dem Druck einer unbändigen Flut.«

Die steinerne Nacktheit von El Ghessour, ausgehöhlt und eingemeißelt inmitten der Hochebene, wie eine von der Apokalypse zerstörte labyrinthische Stadt (Tassili du Hoggar, Algerien).

gen lassen. Etwas weiter entfernt, von Erschütterungen gelockert, löst sich ein gewaltiges Schachbrett aus großen Platten wie von unsichtbaren Händen angehoben. Zuweilen durchschneiden es feine Risse und gewähren dem strömenden goldenen Sand Zutritt, dazwischen duftende

» In einiger Entfernung taucht aus dem »Schloss« eine riesige, an eine Wand gelehnte Keule auf, die den Wadi El Ghessour überragt. «

grüne Büschel. Was für eine seltsame Atmosphäre – wir wandern schweigend über diese blutleere Ebene, die bis zum Himmel emporragt, getragen von den allerersten Sonnenstrahlen. In diesem großen Friedhof aus lichtüberfluteten, purpurnen Ruinen entspringen inmitten der Trümmer überall Poesie und Schönheit: ein »Hauch von Blätterteig«, eine »Reihe zart gewebter Spitzen«, etwas weiter surrealistische Strukturen, geformt vom Wind und seinen Verbündeten. Als Zeugen dieser paradoxen Mächte, die jedes menschliche Maß übersteigen, lassen wir unsere gewaltigen Schatten über dieses mächtige Gerippe gleiten, wo im Morgenrot der Tod heiter ist. Mit der Sonne kommt der Wind und erfrischt wie jeden Morgen die Luft. Wir erreichen über einen Felsenkamm einen kleinen Pass und die Morphologie des Plateaus wird klar.

Im Westen stürzt dessen bis zur Unkenntlichkeit zerrütteter Rand sein Chaos aus Stein in ein enges, von gewaltigen Blöcken versperrtes Tal. Ein Wadi schlängelt sich dort hindurch, bevor er gleich zu unseren Füßen einen Knick macht und eine kleine nach Südosten verlaufende Schlucht bildet. Am Horizont im Norden taucht aus einem undeutlichen Felsenmeer ein imposantes tafelförmiges Gebilde auf, während die Kluft auf der anderen Seite des Tals glatter ist. Mit einem letzten Ruck nimmt das Plateau wieder seine Form an, lässt nach Osten hin seinen weiten schwarz-grauen Mantel hinabgleiten und schlüpft unter den roten Sand der Ebene. Von dieser Seite wird das Wandern leichter sein, allerdings müssen wir den Wadi durchqueren. Glücklicherweise rieseln zwischen den Felsen ansehnliche Firne aus gelbem Sand. Gerade will ich dorthin stürmen, als ich mit einer hastigen Geste alle zum Stillstand bringe: Dort unten grasen einige Mufflons. Der Wind ist günstig, wir verhalten uns still – sie haben uns erspäht und nehmen in wilder Jagd Reißaus. Etwa zwanzig Meter vom Abbruch des Plateaus entfernt, über den wir hochgeklettert sind, bieten uns einige wie zu einem Tempel aufgerichtete Felsen einen Ruheplatz. Der Ausblick ist überwältigend: links das Toben der Felsen, rechts die endlose Weite, hinter uns die Wunder Tagreras. Ich wage mich vor bis an die unebene Kante, unüberwindlich steil und zerklüftet und mit gefährlichem Geröll übersät. Weiter unten, tiefer im Wadi – eine riesige mit Wasser gefüllte Guelta! Nur wer die vollkommene Trockenheit Tagreras kennt, kann das euphorische Gefühl der Freude ermessen, das diese Entdeckung von Wasser in nur wenigen Stunden Fußmarsch Entfernung von den Dünen bei uns auslöst. Seit drei Jahren hatte ich mit Leidenschaft ein Eden aus Stein und Sand erforscht, wohl wissend, dass es keinen Tropfen Wasser außer in den von Tamanrasset hierher transportierten Kanistern gab.

Ich war zum Stein-Mann, zum Staub-Mann, zum Sand-Mann geworden und entdeckte nun den Wasser-Mann in mir. Obwohl unsere biologische Feuchtigkeit die reine Mineralität der Wüste als widernatürlich empfinden mag, ist es nicht mein Körper, der dürstet, es ist meine Seele. Meine inneren Ablagerungen, die diese begierig gesuchte Quelle »fassen«, erscheinen mir obskurer, kompakter als die mich umgebenden Kiesel. Meine Seele? Dies ist keine Anspielung auf ein religiöses Dogma oder auf eine Körper-Geist-Dualität, die mir widerstrebt. Es ist ein schlichtes Wort für das Zentrum, die Einheit, die Identität jedes Wesens auf der Suche nach sich selbst. Das Wasser in der Wüste scheint der Archetyp dieser Transparenz des Wesens selbst zu sein. Es ist keine Vorstellung oder ein Glaube, nur eine Ahnung, dass ich im Grunde das bin, worüber dieses Wasser zu mir spricht. Paradoxerweise erzählt das Wasser der Wüste meinen Zellen Geschichten, die mein Kopf nicht begreift, Geschichten vom Ursprung. Das Wasser dringt bis in meine Träume: Ich sehe eine überwältigende Landschaft vor mir – ein riesiges Tal, dessen Hügel sanft zum Fuß eines Gebirgsmassivs ansteigen – deren Harmonie unter dem blauen Himmel mir ein Gefühl wie in den Alpen vermittelt. Diese leuchtende Landschaft, so objektiv in ihrer Materialität, reißt plötzlich von oben nach unten auf wie ein papierner Vorhang unter dem Druck einer unbändigen Flut. Von Panik ergriffen renne ich los, um dieser übermächtigen Welle zu entgehen, die über die Landschaft schwappt, und finde Schutz unter einigen großen Felsen. Trotz meiner Angst lässt mich brennende Neugier den Kopf heben. In den Wogen, die meinen Unterschlupf in großer Höhe überspült haben, lächeln ein Dutzend strahlender Babygesichter. Ich wache auf und fühle unaussprechliche Freude. Edmond Jabès, der große Dichter der Wüste, hat gesagt: »Die Wüste ist mein Ozean.« Ich möchte sagen: »Die Wüste ist das gesuchte Wasser.«

Wasser! In diesem von uns erreichten Tal gab es überall Wasser. Der Wadi füllte sich nach einem wundersamen Regen und tränkte nun die Tiefen der Erde. Ihre Wasserbehälter, die Gueltas (Spalten und Tümpel mit tonhaltigem Grund) speichern erneut den kostbaren Schatz. Gräser, wieder ergrünte Bäume, Büsche voller duftender Blüten, Schmetterlinge, hunderte von Spuren, Düften, Farben, das ganze Tal freut sich am wiedergefundenen Leben. Ein ungeahnter Glücksfall: Als wir uns auf die Felsplatten am Wasserloch setzen, überfliegt uns ein Paar Zugenten und lässt sich schließlich auf dem Wasser nieder. Zu sehen, wie diese unerschrockenen Vögel, die häufig die Überquerung der Sahara nicht überstehen, sich mit großen Flügelschlägen mitten in der Wüste im nassen Element tummeln, rührt mich zutiefst.

Die ursprüngliche Landschaft von El Ghessour ist einmalig in der Sahara, und mit ihren völlig verrückten Felsreliefs, wie jener gewaltigen Keule, übertrifft sie die kühnsten Vorstellungen (Tassili du Hoggar, Algerien).

» Ich war zum Stein-Mann, zum Staub-Mann, zum Sand-Mann geworden und entdeckte nun den Wasser-Mann in mir. «

Wir ziehen weiter. Ein gutes Stück bergan verflacht das Tal und verschwindet unmerklich unter den Felsen des Plateaus. In diesem Gewirr versuchen wir, dem zu Wasserspuren im Sand geschrumpften Wadi zu folgen wie dem Ariadnefaden in einem Labyrinth. Ein weiteres Tal erscheint mit einem mächtigen Tafelberg. Grandios, eine gestufte Zitadelle. Den Gipfel, flach wie ein Amboss, krönt eine gewaltige kreisförmige Struktur von mehr als einem Kilometer Durchmesser. Massige Rundungen, die an unvollendete Teile von Tierkörpern erinnern, überziehen den ganzen Grat, bröckeln ringsum und zerhacken so kraftvoll die Seiten des Gebildes. Gewaltige Schiffsrümpfe, U-Boottürme, riesige Kerzen und monströse Stümpfe reihen sich aneinander, vereinen sich und sind über schmale Stufen, die die Spalten überragen, miteinander verbunden. Unter ihren gigantischen Füßen fügen sich mächtige Plätze und mit eleganten Bögen verzierte Zimmer zu Stadtvierteln mit verschlungenen Gässchen. Was für eine Szenerie! Wieder treffe ich auf die unermessliche Macht der »Schlösser« von Tagrera. Hier, in der Sanftheit des Dünenmantels, offenbaren die kahlen Reliefs die Macht, von der sie gestaltet werden: Sie tragen sie in ihren Formen, sie *sind* diese Macht. Diese Macht ist ein Lied, eine erhabene steinerne Oper. Wie die Wellen des Meeres das Wasser singen lassen, so lässt die ungeahnte Unermesslichkeit des Sandsteins von El Ghessour den Stein singen.

Wir fühlen uns winzig unter diesen Wänden, und tief beeindruckt durchqueren wir diese ursprüngliche Landschaft, als ob wir unsere eigenen Tiefen erforschten. Rund um den Tafelberg, zwischen den verschiedenen »Schlösser«-Gruppen, reihen sich hunderte von Elefanten- und Schildkrötenrücken aneinander und lassen so den Boden bis zum Horizont wogen. In der Ferne, unterhalb des wellenförmigen Plateaurandes, taucht aus dem »Schloss« eine imposante, an eine Wand gelehnte Keule auf, die den Wadi El Ghessour überragt. In mehr als 80 Metern Höhe spottet ihr eiförmiger, gewaltiger Körper am Ende eines erstaunlich dünnen Griffs den Gesetzen der Schwerkraft. Am Fuße dieses Monstrums dringen wir in einen Saal von königlichen Ausmaßen vor, in dem ein beeindruckender vorislamischer Tumulus über die ewige Ruhe einer hoch gestellten Persönlichkeit zu wachen scheint. In einigen

Metern Entfernung weisen über den Boden verteilte, blaue Perlen darauf hin, dass einige Jahrhunderte später einer vorbeiziehenden Nomadenschönheit ihre Halskette zerbarst. War der Würdenträger unter den Kieseln etwa der Hohepriester der Ringmauer der steinernen Riesen? Dies wird grob angedeutet von den überall aufgerichteten Spitzen und Gipfeln, die an prähistorische Phalli erinnern, von den Spalten, Ritzen und Grotten in Gestalt von mysteriösen und anziehenden Vulven. Phantasmen – gewiss, die Geschichten dieser archetypischen Steine sind nichts anderes als unsere eigenen.

Dennoch, am Abend bei Sonnenuntergang, wenn die Heimkehr des Lichts in kurzen Augenblicken die Landschaft in eine unvergleichliche Sanftheit taucht, zehren sich die Bilder auf. In Verlängerung unseres schweigenden Blicks bleibt nur die überraschende Präsenz des Steins. Stumme Präsenz, unvorstellbar, von der man nur sagen kann, dass sie ist, was sie ist.

An diesem Abend, als wir in der neolithischen Höhle ankommen, in der ich unsere Lebensmittel hatte deponieren lassen, empfinde ich drei Jahre nach der Entdeckung Tagreras die kindliche Freude, einen weiteren Schatz aufgespürt zu haben. Und trotzdem, das eigentliche Geheimnis von El Ghessour sollten wir noch entdecken.

Zwei Tage später nutzen Dominique und ich eine von der Gruppe erbetene Rast am Vormittag, um den östlichen Teil El Ghessours zu erkunden. Wir lassen die »Schlösser« und spektakulären Bergspitzen hinter uns und wandern über das schwarze Plateau. Dieses gleichförmige Schwarz scheint sich bis zum gelben Saum am Horizont zu erstrecken. Ist dies der Sand des Wadis In Ebeggi, der Weg der nach Niger ziehenden Karawanen? Bei unserer Marschgeschwindigkeit dürften wir ihn in etwas weniger als drei Stunden erreichen. Der Raum ist leer, gewaltig. Gleichsam ein Altar des steinernen Wahnsinns der letzten Tage. Nur einige Felsenstümpfe und etwas weiter ein einsames »Schloss« in Gestalt einer gedrungenen Pyramide ragen in die Weite.

Plötzlich öffnet sich eine mehrere Meter breite Spalte vor unseren Füßen. Der Überhang der Felsen über den Abgrund verhindert einen Blick in die Tiefe, die einer schmalen Schlucht gleicht. Wir folgen dem geheimnisvollen Einschnitt. Von außen ließ nichts sein Vorhandensein erahnen. Es ist unmöglich hinabzusteigen, die Wände sind steil, der Boden ist nicht zu sehen. Weiter talaufwärts scheint die Schlucht sich zu weiten. Der unebene Rand bildet eine Abfolge von unverhofften Treppen, die auf einen kleinen Platz münden, der den Eingang zum Canyon markiert. Dort unten befindet sich eine andere Welt. Oben gibt es ein Jahrhundert, die Welt da draußen, die Unermesslichkeit, die von der Sonne, dem Licht, der Rauheit des Steins und dem Peitschen des Windes zermalmte unendliche Weite des Raums. Hier jedoch, 30 Meter darunter, findet man die Welt im Inneren, die Kühle des Schattens, die Stille, die Ruhe, ein Dutzend Tierspuren im weißen Sand und das Mysterium dieser beiden düsteren Wände, die geheimnisvoll mitten ins

» In Verlängerung unseres schweigenden Blicks bleibt nur die überraschende Präsenz des Steins. «

Linke Seite: El Ghessour lässt den Sand und den Stein singen (Tassili du Hoggar, Algerien).

Herz des Felsens führen und uns unwiderstehlich anziehen. Wir gehen über die schmale Sohle. Fünfzehn Meter über unseren Köpfen zeugt ein zwischen den Wänden eingezwängter Baumstamm von der Gewalt des Hochwassers. Bis wohin stieg die letzte Flut?

» Wir zwängen uns unter imposanten Blöcken von der Schönheit einer Skulptur Henry Moores hindurch. «

Die ganze Macht der Wassermassen offenbart sich in den seit tausenden von Jahren ausgehöhlten, glatt geschliffenen, kurven- und volutenförmig zerklüfteten Wänden. In den unzähligen Nischen hat das Wasser Spuren hinterlassen, zarte Schichten in den Sand gefeilt. Das von Geröll bedeckte Bett des Wadis schlängelt sich durch eine Reihe von Gängen. Wir zwängen uns unter imposanten Blöcken von der Schönheit der Skulpturen Henry Moores hindurch. Blaue Himmelsspalten lassen Ströme von Licht herabfallen, die der Fels zu trinken scheint. Von allen Seiten reflektieren die Wände die Sonnenstrahlen und akzentuieren auf diese Weise imposante schwarze »Keramiken« mit kupfer-, bronze-, khaki- und blauschwarzfarbenen »Glasuren«. Diese Schlucht ist ein Kunstwerk. Zuweilen rücken die Wände zusammen, verkleinern den Raum auf zwei Armeslängen.

Plötzlich überrascht uns frische Luft. Dann sehe ich ein goldenes Spiegelbild, das über den Stein zuckt. Insgeheim hatte ich darauf gehofft, aber nicht mehr daran geglaubt. Der Sand schien so trocken. Dieser wundervolle Canyon hätte bereits genügt, um mich glücklich zu machen. Auf einer Länge von 15 Metern ist das Bett mit jaspisgrünem Wasser bedeckt, dieselbe Farbe wie die polierten Äxte der Ténéré. Hinter der Guelta blockieren Felsen den Wadi, wir können nicht sehen, wohin er führt. Ich ziehe meine Schuhe aus, merke schnell, dass ich nicht mehr stehen kann, und lege schließlich alle Kleider ab, bevor ich mich in die einladenden Fluten stürze. »Mein Gott, ist das kalt!« Einmal ganz untergetaucht, wird es nach einigen kräftigen Schwimmzügen ganz angenehm, 17–18°C vielleicht. Auf der anderen Seite klettere ich über die Felsen, um mit Erstaunen festzustellen, dass das Bett der Schlucht, soweit das Auge reicht, eine einzige Abfolge von Gueltas bildet, eine so schön wie diejenige, die ich gerade durchschwommen habe. Ich kehre zu Dominique zurück, die kein großer Fan von Wasser ist, vor allem nicht von kaltem. Sie platzt schon vor Ungeduld, mit der Erforschung fortzufahren. Was nun? Sie schultert meinen Rucksack, macht kehrt, um zur Oberfläche des Plateaus hinaufzusteigen und mich von dort aus aufzuspüren. Sicherheitshalber beenden wir den Erkundungsgang gemeinsam: Sie folgt der Schlucht oben, ich unten entlang.

Ich bleibe allein in vollkommener Stille, auf einem Fels sitzend in der Sonne nahe der Wasseroberfläche. Ich kann es nicht fassen. Ringsum das zarte Gleichgewicht aus Stein, Licht und Wasser am Grunde dieses Felseninneren, es gleicht einem unberührten Paradies, einem wilden, ursprünglichen Raum, den der Mensch niemals störte, und der nun paradoxerweise durch meinen eigenen Blick enthüllt ist. Die Zeit verstreicht.

Dominiques Stimme, die mich von der oberen Ebene ruft, hallt zu mir herunter. Ich antworte ihr, bevor ich wieder ins spiegelglatte Wasser tauche. Die Gueltas, größere und kleinere, tiefere und seichtere, reihen sich aneinander, immer wieder unterbrochen von Abschnitten aus Sand, Kies oder zuweilen rutschigem Ton. Ich klettere über Felsblöcke, zwänge mich unter ihnen hindurch, ein wenig besorgt, dass ich die Hindernisse nicht überwinden könnte, stets glücklich, wieder auf das feuchte Element zu stoßen, in dem ich mich wohler fühle. Es ist eine außergewöhnliche, spielerische und doch auch sportliche Erfahrung. Die vom Wasser bedeckten kantigen Felsen und die Dornen der Akazienäste erfordern Wachsamkeit.

Über einen mächtigen Geröllhaufen in der Tiefe einer Einbuchtung der Spalte, dem einzigen Zugang zur Schlucht auf halbem Weg, ist es Dominique gelungen, wieder zu mir zu stoßen. Unser verschwörerischer Blick bedarf keiner Worte, so sehr sind in ihm all unsere Erlebnisse und gemeinsamen Entdeckungen enthalten. Als sie mit unseren zwei Rucksäcken beladen wieder zum Plateau hinaufsteigt, überkommt mich ein tiefes Gefühl der Zärtlichkeit und Dankbarkeit. Der Canyon scheint mir gefüllt mit dem gesamten Gold der Welt.

Ich folge einem langen Gang voll feuchten Sands. Eine Felsengruppe trennt mich von der nächsten Guelta. Ein mächtiger Block, glatt wie ein Ei, bietet keinerlei Halt, um ins Wasser 2,50 Meter weiter unten gelangen zu können. Anscheinend reicht nicht ein Fels bis an die Oberfläche heran, doch ich zögere vor dem Sprung. Auf dem Bauch liegend mit abgespreizten Gliedern versuche ich, mich an den Stein zu klammern, und gleite fallend ins tiefe Wasser und komme mit dem Schreck davon. Dies ist die letzte schwierige Passage. Die Schlucht ändert die Richtung, die Wände sind erneut in herrliches Licht- und Schattenspiel getaucht. Ich schwimme gleichsam am Grund meiner Ursprünge, meines Innersten, eines langen, verschlungenen Stollens, über wilde Becken und kolossale Töpfe, und lasse das Licht mit meinen Schwimmzügen plätschern.

Die Schlucht endet und mündet in einem großen Platz mit Sandboden, den wir von nun an »den Strand« nennen. Wieder bei Dominique in der Welt »da draußen« wird mir im blendenden Licht bewusst, dass ich mich in der Sahara befinde, mitten in der Wüste, und dass ich soeben schwimmend einen Canyon durchquert habe.

Natürlich kehren wir mit unseren Gefährten dorthin zurück, die ihrerseits begeistert sind von diesem Erlebnis. Der Canyon, der nichts anderes ist als der Wadi El Ghessour, geht weiter über »den Strand« hinaus bis zum Wadi In Ebeggi und bildet zusammen mit seinen Zuflüssen und dem Wadi Ihetsen weiter südlich ein ganzes Netzwerk aus untereinander verbundenen Schluchten, das in der Sahara einmalig ist. Dies ist vielleicht der letzte Zufluchtsort in der algerischen Sahara.

» Ich schwimme gleichsam am Grund meiner Ursprünge, meines Innersten, am Grund eines langen, verschlungenen Stollens. «

Linke Seite: Guelta von Ekeskes (Niger).

Unten: Schwimmen mitten in der Wüste, dies ist die Überraschung, die der Abstieg in den Canyon von El Ghessour für uns bereithielt, als ein wundersamer Regenguss den Wadi füllte (Tassili du Hoggar, Algerien).

Die Nacht, das Lager

» Zwischen dem Verschwinden
der Sonne und vollständiger
Dunkelheit liegen etwa
fünfundvierzig Minuten tägliches
Farbenwunder – letzte Frist, um
schnell ins Lager zurückzukehren,
schneller als der schwindende Tag. «

Seiten 122–123:
Bei Einbruch der Dunkelheit nehmen manche Felsen des Tassili de Tahaggart menschliche Formen an (Tassili du Hoggar, Algerien).

Seite 124–125:
Mondfinsternis über der »Pagode« von Youf Aghlal (Tassili du Hoggar).

Links unten und Seiten 128–129:
das »Zimmer« von Tagrera (Tassili du Hoggar).

Rechts:
die Felsnadeln von Tahaggart (Tassili du Hoggar, Algerien).

Seiten 132–133:
die Felsen von Youf Aghlal vor einer Mondfinsternis (Tassili du Hoggar, Algerien).

Seiten 134–135:
Rückkehr unserer Tuareg-Gefährten von einem Spaziergang im Tahaggart.

In der Sahara,

scheint sich der Übergang vom Tag

zur Nacht in nur wenigen magischen Augenblicken am Abend zu vollziehen, schneller als anderswo. Entsprechend groß ist die Sorge des Wanderers, der noch ein wenig zu weit von seinem Nachtlager entfernt ist und angesichts der zunehmenden Dunkelheit seine Schritte beschleunigt.

Ich gehe allein durch eine kleine Schlucht, wie es so viele gibt in allen Tassilis; manchmal sind sie so schmal, dass die Sonnenstrahlen ihr Bett nur zur Mittagsstunde erreichen. Ich habe nichts Spektakuläres entdeckt. Weder unbekannte kostbare Felsmalereien, noch eine von den Kartographen vergessene Guelta, noch ein durch mich aufgescheuchtes Mufflon und schon gar nicht einen Platz für Krokodile wie in Ennedi. Nein, nur einen kleinen Canyon etwas abseits und mit ruhigem Bett. Er bietet meinem Schritt und meiner Neugier eine schöne Abwechslung mit seinen ausgespülten Stränden aus weißem Sand und den mächtigen, schwarzen, glatten Felsenplatten, auf welchen sich verschwommen blaugraue Reflexe abzeichnen, die mit dem Licht wieder verlöschen.

Rund um große Büsche, die trotz aller Trockenheit prächtig gelb oder blau blühen, belegen Spuren oder getrockneter Kot von Mufflons, Gazellen und Wüstenspringmäusen, dass bei Einbruch der Dunkelheit das Leben neu erwachen wird. Die kleinen und großen Tiere werden aus ihrer Höhle hervorkommen, um zu fressen, vielleicht zu trinken, sich zu paaren oder manchmal ein anderes Tier zu verschlingen, bevor sie noch vor Sonnenaufgang ihren geheimen Unterschlupf wieder aufsuchen.

Eines Nachts in den Schluchten des Wadis Debenat im Norden des Tassili du Hoggar fuhr ich aus dem Schlaf, weil ein Mufflon über das Geröll vom Plateau herabstieg. Vermutlich hatte es meine Witterung aufgenommen und machte auf halber Höhe hastig kehrt, so dass seine Hufe die losen Steine prasselnd herabkullern ließen. Aufrecht sitzend konnte ich das Tier nicht sehen, sondern nur das von den Wänden zurückgeworfene felsige Gepolter hören. Mit einem Schlag verstummte die Musik der Steine genauso schnell wie sie mich überrascht hatte und der Wadi hüllte sich wieder in Stille. Ein anderes Mal in der Tanezrouft mitten in einem eiskalten Winter erwachte ich panisch, weil sich etwas Fremdes und sehr Lebendiges in meinem Schlafsack regte. Nein, keine Schlange, auch nicht eine der Fledermäuse, die bei Sonnenuntergang um unsere Köpfe schwirrten, nur eine sandfarbene Wüstenspringmaus, die Wärme suchte.

Nun, da ich zu meinen Weggefährten zurückkehren muss, erlöschen wie Laternenpfähle aus Stein die etwa 15 Meter über meinem Kopf ragenden Felsformationen eine nach der anderen.

Ich mache mich auf den Rückweg ins Lager. Die meisten Saharareisenden bereiten sich lange auf die Nacht vor. Kaum ist die Wanderung zu Ende, auf zum besten Biwak. Das durchquerte Gelände – sandig oder steinig, grenzenlose Weite oder beengendes Bett eines Wadis – und die Persönlichkeit des Reisenden – Genießer oder Fakir – bestimmen den jeweiligen Schlafplatz. Jeden Abend bietet ein Hotel, durch das der Wind bläst, mit zwanzigtausend unbelegten Betten seine Gastfreundschaft an.

Warum sich also dicht an Büschen und Felsen niederlassen, dort wo es unwillkommene Gäste geben kann, wenn es anderswo nicht an Platz mangelt. Die meisten uns begleitenden Nomaden nehmen lange vor uns vielleicht instinktiv die besten Plätze fernab vom Gebüsch ein.

Ich schlafe meistens in offenem Gelände, die Füße zum Wind, um zu vermeiden, dass sich mein Schlafsack in ein großes, der Kälte und dem Sand offen stehendes Segel verwandelt. Da der Wind allerdings häufig erst mitten in der Nacht einsetzt und sich dreht, launisch in jede kleine Spalte stürzt, die er seit Anbeginn der Zeiten unermüdlich aushöhlt, ausfeilt und durchpeitscht, bis sie zu Staub zerfällt, ist jeder Versuch, sich vor ihm zu schützen, eigentlich vergeblich.

Mit den letzten Sonnenstrahlen, wenn Feuer und Kochen allmählich in Gang gekommen sind, ertappe ich mich häufig, wie ich mich den »abendlichen Wüstenriten« hingebe: Katzenwäsche, Pflege der Wehwehchen, Notizen machen, oder noch besser, nichts tun, nichts denken angesichts des schwindenden Farbenzaubers. Dennoch, wenn ich nicht gerade für eine Gruppe verantwortlich bin, genügt es, dass ein geheimnisvoller Canyon oder mächtige Felsnadeln aus dem Sand auftauchen, um meinen Forscherdämon und meinen Durst nach Wanderungen über Dünen und Hochplateaus zu wecken, immer auf der Suche nach einem Schatz. Der Trieb in diesen Augenblicken ist so stark, so eindringlich, dass ich mich frage, ob es nicht die Elemente der Landschaft selbst sind, die mich mit ihrer Schönheit, ihren Geheimnissen so unwiderstehlich anziehen wie die Sirenen Odysseus.

» Jeden Abend bietet ein Hotel, durch das der Wind bläst, mit zwanzigtausend unbelegten Betten seine Gastfreundschaft an. «

»Zu so später Stunde, wäre es da nicht weiser, bis morgen zu warten?« »Nein, denn morgen werden wir woanders sein und ich werde mich in einen Bogen verlieben!«

Zwischen dem Verschwinden der Sonne und vollständiger Dunkelheit liegen etwa fünfundvierzig Minuten tägliches Farbenwunder – letzte Frist, um schnell ins Lager zurückzukehren, schneller als der schwindende Tag. An einer Biegung der kleinen Schlucht stoße ich wieder auf den ein wenig chaotischen Durchgang, der mir erlaubt hat, vom großen schwarzen Plateau, das wir am Nachmittag erkundeten, hinabzusteigen. Dort bin ich auf unbekanntem Gebiet: Dahinter, nicht allzu weit entfernt, haben wir unser Lager tiefer in der Ebene am Fuße einer Barchane aufgeschlagen.

In der kristallenen Klarheit des Abendlichts, wenn am Horizont die Halbkugel des riesigen Sterns ganz allmählich in

Abendstimmungen in Tahaggart und im »Zimmer« von Tagrera (Tassili du Hoggar, Algerien).

ocker- und blutfarbenen Nebelschwaden versinkt, packt mich die Leidenschaft, mit großen Schritten über den First dieser Plateaus zu schreiten.

Sie beeindrucken mich, ob nun völlig zerklüftet oder vollkommen glatt, nur von feinen Kieseln bedeckt, übersät mit kleinen, kreisförmigen Mufflonspuren. Meine Vorstellungskraft fliegt dann über die Weite, die mich umgibt, hinaus, und verwandelt die blutleeren Felsen in Fabelwesen. Den möglichen Beschreibungen der Steine mangelt es an Humor: Pilzfelsen, Krokodilsfelsen. Mir scheint, sie sind nicht dazu da, um gesehen, reduziert zu werden auf ihre offensichtliche, von unserer Erinnerung gefilterte Gestalt, sondern um »gelesen« zu werden, wie ein Kind es könnte. Kinder wissen auch, dass die Plateaus genau so wie die Berge uns manchmal dem Himmel ein Stück näher bringen.

» Wunderbares Feuer, unerlässlicher Anker der täglichen Rituale des Saharareisenden: essen, aufwärmen, erzählen, erholen. «

An jenem Abend hatte sich der gewaltige Himmel glutrot gefärbt, getragen von den letzten schrägen Strahlen, die von riesigen »Leuchttürmen« unterhalb des Horizonts aufschienen. Seine ganze Oberfläche, umflutet vom pastelligen Schein, der sogar auf der sonnenabgewandten Seite reflektiert wurde, verwandelte sich allmählich in ein großartiges Fresko zarter Farben, gemalt von tausend Engeln in einem Traum von Giotto. Dieses Naturschauspiel war von solcher Schönheit, dass all meine Kenntnisse, all meine Gewissheiten und all mein Ehrgeiz wissen und verstehen zu wollen sich verflüchtigten, auf und davon in den Himmel. Es war wie der Zusammenbruch einer inneren Welt, die viel älter ist als dieses Plateau, und die in ihrem Schoß eine überwältigende, reine Freude offenbart, die mit jedem Teil der Landschaft, über die mein Blick schweift, aufjauchzt.

Aber in der Wüste wie anderswo ziehen die Engel den großen Vorhang der Nacht zu und entzünden dann einige Sterne über den fast verloschenen Farben. Im Halbdunkel erspähte ich unser Lager. Der Geruch des Feuers mit seinem flackernden Schein streichelte mich wie ein Parfum. Ich stieg mit riesigen Schritten die gewaltige Rutschbahn aus Sand hinunter, die mich bis in die Ebene führte. Unten lag eine andere Welt. Es galt, andere Augenblicke zu leben, die sich nach und nach aufzehren, so wie dort oben diese verblüffenden Pastellfarben verlöschen. Seltsamer Planet, auf dem jede Situation und die darauf folgenden Eindrücke uns von einem Universum ins andere wandern lassen, so als ob nichts gewesen wäre.

Das Feuer behauptet sich durch seine Präsenz, schart die letzte Insel aus Licht und Leben im Umkreis von Kilometern um sich. Ich weiß, dass das einzige Nomadenlager in der Gegend einige Monate zuvor aus Mangel an Weidefläche aufgegeben wurde. Wunderbares Feuer, unerlässlicher Anker der täglichen Rituale des Saharareisenden: essen, aufwärmen, erzählen, erholen. Seine Flammen, sein Geruch am ersten Abend einer neuen Reise vermitteln mir stets den Eindruck, wieder »zu Hause« zu sein. Die letzte Wanderung soll schon ein Jahr zurückliegen? Aber nein, es war doch erst gestern, nicht einmal gestern, nichts ist inzwischen geschehen. Ein Jahr verrücktes Leben in Paris? Nein, nur ein Gedanke, den die fröhlichen Flammen vor unseren Augen genauso sicher verschlingen werden, wie sie uns von der Müdigkeit der Reise befreien.

Sich um das Feuer niederzulassen gehört zum gleichen Ritual wie die Wahl des Schlafplatzes. Auch hier entfachen die Kameltreiber oder Fahrer das Feuer und breiten alles aus, lange bevor wir unsere Wanderung beendet haben. Gute Plätze sind rar. Die Neulinge oder die Pechvögel sitzen mit dem Gesicht zum Wind – und der Rauch treibt ihnen Tränen in die Augen, lässt sie husten. Die trotz allem solidarische Gruppe verwandelt sich in eine Wanderraupe, um dem Rauch zu entgehen. Im Winter erwärmt das Feuer die Vorderseite des Körpers, die Kälte der Nacht packt die Schultern und lässt den Rücken gefrieren. Jeder zieht sich an, zieht sich wieder aus, dreht sich immer wieder um – oder schlüpft in seinen Schlafsack.

Wenn man schließlich sieht, wie einer der Gefährten sich in alle Richtungen windet und die Beine verdreht, auf die Gefahr hin sein Geschirr fallen zu lassen, bleibt kein Zweifel: das Sitzen mit untergeschlagenen Beinen und ohne Lehne will geübt sein. Trotzdem würde ich die süßen Abende in der Sahara mit ihren kleinen Nöten für nichts auf der Welt eintauschen.

Das Feuer erwärmt die Herzen. Nach der abendlichen Taguella dreht sich die Unterhaltung um die Sterne. Ach, das Lachen von Achmed, unserem Kamel-

» Die Flammen, der Geruch des Lagerfeuers am ersten Abend einer neuen Reise vermitteln mir stets den Eindruck, wieder zu Hause zu sein. «

Das Lager: Vorbereitung der Taguella, einem Ragout, das über dem Feuer schmort.

treiber. Er hat niemals wirklich geglaubt, dass Menschen auf dem Mond spazieren gegangen sind. Wie soll man ihm das begreiflich machen, dass noch viel weiter weg auf dem Mars, in einer für menschliches Ermessen – zumal das eines Wüstenmenschen – unvorstellbaren Entfernung (die kürzeste Distanz zur Erde, die alle 15 Jahre erreicht wird, beträgt 56 Millionen Kilometer) der Vulkan Olympus Mons neunmal so hoch ist wie der Berg Tahat, der mit 3 000 Metern höchste Gipfel des Hoggars?

» Was ist es für ein Glücksgefühl, sich nach einem langen Tag des Wanderns auszustrecken, nichts mehr zu tun zu haben, sich ganz fallen zu lassen und dabei die Müdigkeit des Tages am Boden abzulegen wie an einer Garderobe. «

Ich erinnere mich an diese packenden Reisen Ende der 80er Jahre, als uns ein Astronom in die Wüste begleitete. Die Wanderetappen bei Tag verliefen ganz normal. Doch kaum war die Nacht hereingebrochen, holte er sein Teleskop hervor, und wir machten uns auf zu den Sternen, manche bis zum Sonnenaufgang. Die Entdeckung der Planeten machte uns das Wunder des Daseins bewusst, hier, mitten in der Wüste, als Gäste auf einem winzigen Punkt im Universum. Tief in meinem Inneren, wie eine auf immer offene Frage, fragte ich mich, ob das wirkliche Wunder nicht ist, dass wir selbst Zeugen dessen sind, Verwahrer dessen, was sich vor unseren Augen abspielt: unendlich weit von den Sternen entfernt, unendlich nah an den tausenden von Sandkörnern, die man wie eine Sanduhr aus seiner hohlen Hand rieseln lässt; Passagiere unseres eigenen Lebens, wobei man sich fragt, was denn davon übrig bleibt, wenn das letzte Korn gefallen ist.

Es ist spät in der Nacht, fast alle haben sich schlafen gelegt. Die letzte Glut des Feuers löst zuweilen die Zunge derer, die noch auf sind. Man ertappt sich dabei, wie man einem beinahe Unbekannten sein Leben erzählt. Im Nachtlager rückt die Stille in den Vordergrund, eine fast greifbare Stille, die die ganze in Mondlicht getauchte Landschaft umfängt.

Jeder rollt seinen Schlafsack aus, hält Ausschau nach Spuren ungebetener Gäste, zieht sich aus, räumt seine paar Sachen weg, damit sie nicht davongeweht werden: in Reichweite immer der Schesch (turbanähnliche Kopfbedeckung) gegen den Wind, die Feldflasche, Lampe und Sandalen für alle Fälle, dann schlüpft man in seinen Schlafsack, als käme man nach Hause.

Was ist es für ein Glücksgefühl, sich nach einem langen Tag des Wanderns auszustrecken und dabei die Müdigkeit des Tages am Boden abzulegen wie an einer Garderobe. Sich der Weite bewusst werden, der frischen, eingeatmeten Luft, der Zärtlichkeit der Stille: schlichte Vergnügungen des Lebens unter freiem Himmel. Nach einem letzten Blick auf die Sterne schließen sich die Lider ganz natürlich wie eine Tür, die sich einem intimeren Raum öffnet, genauso gewaltig und Träger des Unbekannten wie der Himmel über unseren Köpfen. Eine neue Entdeckungsreise beginnt: der Körper spricht. Zuerst scheint aus einer konfusen Masse ein verschwommenes Bild von etwas schweren Beinen aufzutauchen, von einem steifen Rücken und einem Nacken auf der Suche nach einer bequemen Unterlage. Allmählich schälen sich immer präzisere Empfindungen heraus. Eine Landschaft zeichnet sich ab, verspannte und verkrampfte Bereiche werden lebendig, lösen sich, lockern sich am Boden. Ein Gefühl der Entspannung stellt sich ein, ein wahrer Jungbrunnen.

»Entblößt« von Körper und Gedanken, öffnen sich die Augen für die drei Sterne vom Gürtel des Orion. Und ganz sacht, mit wieder geschlossenen Augen, ohne sich dessen bewusst zu sein, läßt man sich in den Schlaf hinübergleiten, ins eigene Innere.

» Entblößt von Körper und Gedanken öffnen sich die Augen für die drei Sterne vom Gürtel des Orion. «

Lagerstimmung mit El Mouden Ag Mana (links), sechzehn Jahre lang Tuareg-Führer von Terdav im Hoggar, der mit uns im Januar 2000 Tagrera wiederentdeckte (Tassili du Hoggar, Algerien).

Die Einsamkeit

» Ohne Gruppe, ohne Dominique,

bin ich allein.

Voller Enthusiasmus will ich

zum ersten Mal

mitten in der Wüste

die absolute Einsamkeit erleben. «

Seiten 142–143: die Spuren eines einsamen Wanderers in Tahaggart, die der Wind bald auslöschen wird (Tassili du Hoggar, Algerien).

Rechts und Seiten 146–149: eine Woche bedeckter Himmel in Tagrera im Januar 2000. Ein »Jamais-vu«, das diese Felsen, diese Büsche und ihre Betrachter auf ihre fundamentale Einsamkeit zurückzuwerfen scheint (Tassili du Hoggar, Algerien).

In Tahaggart, zwei wohlgeformte Plateaus und einige Büsche vor einem Hintergrund des Nichts, der ihnen eine verrückte Präsenz verleiht (Tassili du Hoggar, Algerien).

Lichtspiele auf den »Pilzfelsen« von Youf Aghlal (Tassili du Hoggar, Algerien).

Seiten 154–155: Tagrera, der »Elefantenfuß« (Tassili du Hoggar, Algerien).

Allein, endlich allein

in der Wüste!

In der Ferne kurz vor der Mündung des Wadis El Ghessour entschwinden die Fahrzeuge in der Ebene, sie laufen auf vollen Touren über den weichen Sand, werden verschluckt vom Vorhang aus Staub, den ihre Räder wellenförmig in alle Richtungen aufwirbeln. Der Abschied war kurz: Türen schlagen zu, ein letztes freundschaftliches Winken aus dem Fenster. Das gleichmäßige Dröhnen der Motoren, das allmählich leiser wird, bedeutet, dass sie ohne Zwischenfall den langen Abschnitt aus Fech Fech (puderfeiner Sand) überwinden konnten.

Einmal mehr empfinde ich dieses vertraute Gefühl des Jubels verbunden mit äußerster Wachsamkeit, sogar dieses kleine Herzstechen bei dem Bewusstsein, dass ich die nach Tam zurückgekehrten Fahrzeuge erst in ein paar Tagen wiedersehen werde. Ohne Gruppe, ohne Dominique, meiner üblichen Begleiterin bei unzähligen längeren Abenteuern dieser Art, bin ich allein. Voller Enthusiasmus will ich zum ersten Mal mitten in der Wüste die absolute Einsamkeit erleben. Zufall? Ich wage dieses Erlebnis am Ende einer für meine Eltern und Geschwister organisierten Reise. Ein alter Traum, den ich mir 1988 glücklich erfüllte: Sie sollten die Sahara, von der wir seit Jahren so viel erzählt hatten, entdecken und lieben lernen. Die Trennung ist daher umso bewegender, vor allem von Dominique, der einzigen in der Gruppe, die die Situation und die Risiken einer derartigen Isolierung begreift. Dennoch bin ich erstaunlich ruhig und zuversichtlich. Jedenfalls ruhiger als zwölf Jahre zuvor in Tagrera, als ich zum ersten Mal zusah, wie die Autos wieder nach Tamanrasset fuhren und mich dort zurückließen, 200 Kilometer von jeder menschlichen Siedlung entfernt mit zehn weiteren Menschen, deren Führer und Reiseleiter ich war.

Aus Sicherheitsgründen, falls mein Vorhaben scheitern sollte, habe ich zwei Wasserkanister mit 30 Litern und eine kleine Kiste mit Nahrungsmitteln unter den mächtigen Felsen versteckt, die den Boden der Schlucht versperren. Ich weiß, dass in einer Entfernung von einem halben Tag Fußmarsch in nördlicher Richtung eine den Kartographen unbekannte Guelta liegt. Zusammen mit Dominique habe ich sie einige Jahre zuvor entdeckt, anlässlich unserer ersten großen Durchquerung ganz auf uns allein gestellt, ohne damals die Zeit zu haben, das so wilde Herzstück des Tassili du Hoggar zwischen den Wadis Tin Tarabine und El Ghessour zu erforschen.

Ziel meiner Expedition ist es, diese Guelta wiederzufinden in der Hoffnung, dass sie immer noch Wasser führt, in der Nähe ein Basislager mit Lebensmitteln aufzuschlagen und die Gegend sternförmig zu durchstreifen. Sollte ich kein Wasser vorfinden, hätte ich keine andere Wahl, als nach El Ghessour zurückzugehen, wo meine Kanister versteckt sind, und mich dort bis zur Rückkehr der Autos herumzutreiben, die nach Ablauf von acht Tagen eingeplant ist.

Mein Rucksack scheint auf einem Fels auf das Zeichen zum Aufbruch zu warten. Ich habe alles am Morgen vorbereitet und versucht, die Last möglichst gleichmäßig zu verteilen: ein Kanister mit fünf Litern und sicherheitshalber zwei Feldflaschen mit je einem Liter, Lebensmittel für acht Tage, ein Minimum an Kleidung und Apotheke, alles in allem etwa 18 Kilo. Zu schwer für meinen Geschmack, aber ich würde ihn ja nur bis zu meinem Basislager schleppen müssen.

Auf der ganzen Nordseite des Wadis El Ghessour zeigt sich der untere Teil des Stufen-Plateaus durchschnitten von einem Labyrinth aus schmalen, komplexen, verschlungenen, manchmal zu einem unentwirrbaren Knäuel verwobenen Spalten. Ich muss sie überwinden, um zu meinem Bezugspunkt oben auf dem Plateau zu gelangen: einem kleinen »Schloss« mit leicht gewundenen Formen.

Ich wage mich also in die Tiefe des Irrgartens, wobei mir der Kompass lediglich eine grobe Richtung weisen kann; immer wieder zwingen mich Sackgassen zu einem ermüdenden vor und zurück. Schließlich erreiche ich mein »Schloss«. Auf einem Hügel gelegen überragt es einen großen Platz im Tal, den im Norden und Westen die felsigen, abgestuften Ränder umschließen, die den höchsten Teil (900 Meter) dieser Tassiliregion bilden. Mit meinem Fernglas versuche ich, den hohen Turm auszumachen, der, soweit ich mich erinnere, unsere Guelta talaufwärts des Engpasses von Tiouardaouine beherrschte. Hat es geregnet? Das Wasser in der Schlucht von El Ghessour schien mir sehr niedrig zu sein.

Die alten Expeditionsgeschichten berichten zuweilen von tragischen Geschichten, Reisenden, die verdursteten, weil sie das Wasser aus dem Brunnen, den sie gerade erreicht hatten, nicht heraufholen konnten. Am Rand meiner Guelta angelangt muss ich feststellen, dass es nicht geregnet hat, und der Wasserspiegel erheblich gesunken ist. Ihre Seitenwände fallen 2,5 Meter steil in die Tiefe bis zum Wasser, das somit für mich unerreichbar ist. Am nächsten Morgen werde ich mit Hilfe meines leeren Kanisters und einer Leine auftanken. Der Haken an der Sache ist nur, dass trotz all meiner Versuche der luftgefüllte Kanister an der Oberfläche treibt, ohne Wasser zu schöpfen, oder zumindest nur sehr wenig. Ich versuche es mit einer Feldflasche – schließlich bräuchte ich nur fünf davon, um meinen Kanister wieder aufzufüllen. Dasselbe Problem. Auch mit zwei glatten Kieseln, befestigt an beiden Seiten des Kanisters, bleibt der Behälter weiter hartnäckig an der Wasseroberfläche.

Linke Seite:
die Dünen der Ténéré (Niger).

Oben:
Sand und Felsen in Tahaggart (Tassili du Hoggar, Algerien).

Weiter unten im Wadi liegen einige alte, bei einem früheren Hochwasser entwurzelte Akazien. Ich beschaffe mir einen recht dünnen Ast, schneide alle Zweige davon ab und verwandle ihn in eine lange Stange, wie die Targia vom Aïr in Niger, die damit die grünen Schoten herunterschlagen, auf die die Kamele ganz wild sind. Wieder bei der Guelta, nur von Raben beobachtet, muss ich ein recht komisches Bild abgeben. Wie ein Marionettenspieler halte ich mit der rechten Hand die am Henkel des widerspenstigen Kanisters befestigte Leine, während ich mit der linken die Stange in seinen Hals stecke, um ihn so unter Wasser zu drücken. Blubb, blubb, es klappt. Das muss begossen werden! Idealerweise hätte ich einen Délou dabeigehabt – einen großen Schöpfbeutel aus Leder, der das Wasser herabrieseln lässt, wenn man ihn aus dem Brunnen raufholt –, wie ihn alle Nomaden benutzen.

Seit dem Wegfahren der Autos verspüre ich noch etwas Neues, sehr Überraschendes. Jeder meiner Schritte ist seltsamerweise von äußerster Wachsamkeit begleitet. Mein Körper, oder vielmehr meine Aufmerksamkeit (aber gibt es da noch einen Unterschied?), scheint mit einer geradezu animalischen Wahrnehmung der Umgebung weit vor meinem Denken verinnerlicht zu haben, dass ich in einer schwierigen Lage nur auf mich selbst zählen darf. Strauchle ich, so stellt der Körper ganz von selbst das Gleichgewicht wieder her. Konsultiere ich meine Karte und meinen Kompass, so schaltet sich mein Denken ein wie ein Werkzeug, dass man nach Gebrauch wieder in seine Kiste räumt. Jede Bewegung, jede Wahrnehmung findet wieder ein wenig zu jener natürlichen Aufmerksamkeit zurück, die wir als Kinder hatten, gefangen von tausend Staubkörnern, die in einem Lichtstrahl tanzten. Diese Fähigkeiten sind da, und mit ihrer Hilfe koste ich aus, was der einzelne Augenblick bietet.

» Jede Bewegung, jede Wahrnehmung findet wieder ein wenig zu jener natürlichen Aufmerksamkeit zurück, die wir als Kinder hatten. «

Das Vorhandensein von Wasser beruhigt mich, an Holz fehlt es nicht. In 500 Metern Entfernung von der Guelta, unweit eines felsigen Unterstands, wo ich meinen Rucksack verstecken und zu ganztägigen Erkundungen mit leichterem Gepäck aufbrechen kann, habe ich mein Lager auf einem schönen Sandplatz aufgeschlagen. Aus meiner kleinen blauen Teekanne, die über rotglimmendem Holz steht, quillt die kochende Flüssigkeit allmählich über. Mit einem Zipfel meines Schesch hebe ich den heißen Deckel, um den Druck abzulassen, und setze die Teekanne wieder auf das Feuer. Diese Augenblicke des einfachen Lebens erfüllen mich. Holz, Feuer, Wasser, Luft, Licht, Wind, Weite,

Stille – viel besser als Metaphysik und Psychologie. Einem Fußmarsch von 30 Kilometern hält keine Depression stand.

Doch in diesem Augenblick flüstert voll Spott ein Teufel aus meinem Inneren, dass diese makellose Einsamkeit recht unmenschlich ist. Zwischen der Einsamkeit zu zweit und der Einsamkeit allein liegt ein himmelweiter Unterschied. Dieser dauert an, bis es aus der Teekanne wieder in die Glut überschäumt und diesen Gedanken ins Nichts verbannt.

Ich erwache bei Tagesanbruch und bin überrascht, die Stille wie eine Zärtlichkeit zu empfinden, und verwirrt von meiner eigenen Präsenz. Kein Weltschmerz an diesem Morgen, der Wadi der Schakale wartet auf mich. Auf der Höhe meines »Bezugsschlosses« markiert ein felsiger Kamm fast unmerklich die Wasserscheide des Plateaus. Dahinter senkt es sich sanft nach Osten hin ab und führt all seine kleinen Wadis zum Oued In Ebeggi.

Der berühmte Wadi der Schakale war eine bedeutende Etappe für die großen Karawanen, die einst vom Hoggar nach Niger zogen. Weiter im Süden verliert er sich vereint mit dem Wadi El Ghessour in der Ebene von Tagrera, wobei er das Ende des Tassilis und den Auftakt zur Ténéré bildet.

In einer Szenerie aus kleinen Sandhügeln scheinen sich am Vormittag in der Ferne verschwommene Formen zu bewegen. Zuerst beachte ich dies kaum. In der Sahara lassen heiße Luftschichten häufig die Landschaft tanzen. Doch diese Bewegung wird fast zu regelmäßig. »Oh je, wenn schon am dritten Tag meiner Einsamkeit die Felsen zu wandern anfangen, was werde ich dann am Ende der Woche sehen?« Ich hole mein Fernglas hervor. Eine Karawane! Ich verspüre eine große Freude vermischt mit Besorgnis. Ich weiche von meinem Weg ab und gehe schwungvoll auf sie zu. Seltsame Einsamkeit! Seit die Autos fort sind, erstaunt mich diese Wachsamkeit, die mir auf Schritt und Tritt folgt, und nun ertappe ich mich dabei, wie ich schneller gehe, angeregt von dem brennenden Verlangen diese mir unbekannten Leute zu treffen. Wer zieht hier die Fäden?

Wir kommen uns allmählich näher. Ich zähle ein Dutzend Kamele, beladen mit mächtigen Ballen, und vier Männer, deren erregtes Stimmengewirr mit seinen spitzen, abgehackten Tönen ich von weitem hören kann. Sie sprechen Tamaschek, die Sprache der Tuareg. Die vollkommen dumpfe Akustik verleiht nach drei Tagen gänzlicher Stille dem »Salam Aleikum« (der Friede sei mit Euch), mit dem ich sie zuerst grüße, eine erstaunliche Kontur. »Aleikum Salam« (und auch mit Dir) antworten die Männer im Chor. Zwei von ihnen springen aus dem Sattel, ohne ihr Reittier niederknien zu lassen, und gehen auf mich zu. Die Art, wie sie mir die Hand schütteln, indem sie mehrere Male mit gestreckten Fingern über meine Handfläche streichen, bevor sie sie in einem trockenen Klatschen zusammenfalten, und ihre sehr weit oben über der Stirn gebundenen Scheschs lassen mich erkennen, dass sie aus Niger kommen. Da ich ungefähr soviel Tamaschek radebrechen kann wie sie Französisch, verstehen wir uns ganz gut. »Was treibst Du hier?«, erkundigen sie sich mit einer fragenden Geste. Um die Sache zu vereinfachen, erkläre ich ihnen, dass ich mit dem Auto nach El Ghessour gekommen bin und einen Tagesausflug zu Fuß unternehme.

Sie selbst kommen aus Iférouane mit Hirse, Tee und Stoffen, die sie auf dem Markt in Tam verkaufen wollen. »Aman illé?« Ich frage sie, ob es dort Wasser gibt, und deute in Richtung des felsigen

Linke Seite:
Sanderlebnis in den Dünen von Arakao (Niger).

Oben:
Der Nomade und das Kind bei der Rückkehr ins Lager (Niger).

Randes im Norden von In Ebeggi. Ja, dort haben sie geschlafen und ihre Gerbas, ihre ledernen Wasserschläuche, aufgefüllt. Ich verstehe nicht genau, wo sie die nächste Nacht verbringen werden. Die Orte, die sie nennen, sind auf meiner Karte, die fast frei von Ortsnamen ist, nicht verzeichnet. Werde ich sie wiederfinden? Für sie bin ich nicht ganz bei Trost, hier zu übernachten. »Na dann, arssarat, auf Wiedersehen!« Der herzliche Wortwechsel hat kaum fünf Minuten gedauert. Aber niemals zuvor hat mir die Begegnung mit Menschen so viel Freude bereitet.

»Wohin gehst Du, Wanderer in Tagrera?« (Tassili du Hoggar, Algerien).

Rasch kehre ich zum Wadi In Ebeggi zurück. Mindestens auf einem Kilometer Länge kontrastiert sein fast blendendes Weiß mit der steinernen Strenge des anthrazitfarbenen Plateaus. Zwischen den zahlreichen Bodenwellen, in denen sich die Vegetation mit dem Sand mischt, finde ich etwa ein Dutzend Gazellenspuren. Dennoch habe ich seit Beginn meines Aufenthalts kein einziges Tier gesehen.

Reichlich grünes Buschwerk wirft für mich die Frage auf, ob die Wadis mehr hier entlang geflossen sein sollten, als über den anderen Abhang. Ich stoße auf die Spuren des Karawanenlagers: über der noch warmen Asche verstreute Teeblätter, Abdrücke der knienden Kamele, Kamelmist; Zeichen für menschliches Vorüberziehen, die der Wind bald mit Sand bedecken wird. Alte, in den Boden getriebene Pflöcke sowie einige zu einer schützenden Koppel für die Ziegenlämmer verbundene Äste in einer engen Felsspalte zeigen, dass dieser Lagerplatz bereits seit langem besteht. Weiter oben im Wadi liegt die Guelta, von der mir die Tuareg erzählt haben; ihr klares Wasser ist ungleich leichter zugänglich, alte Stricke zum Anbinden der Tiere und ein emaillierter Blechnapf liegen an ihrem Rand.

Ich steige die Schlucht weiter hinauf über ein kleines Band, das eine erste Guelta, dann eine zweite überragt, um weiter talaufwärts zu einem unüberwindlichen Wasserfall zu gelangen. Zu seinen Füßen erstreckt sich ein gewaltiger Kessel bis zum Rand gefüllt. Welche Freude, mich allein vor diesem klaren Wasser zu finden, in aller Stille die winzigen Bewegungen der vom Wind gestreichelten Wasseroberfläche zu beobachten, das Spiel des Lichts, wie es über die Felsen tanzt. Ich kann nicht widerstehen, mich in die lockende Flut zu stürzen.

Die Sonne versinkt allmählich, es wird Zeit, in mein Lager zurückzukehren. Ich könnte direkt auf mein »Bezugsschloss« zulaufen, indem ich das Plateau überquere oder aber diesen kleinen, so wilden Wadi, der es zu umfließen scheint, erkunden. Der Reiz des Unbekannten reißt mich mit sich. Ich werde mir bewusst, dass sich im selben Augenblick ein Gedanke an meine Begegnung mit der Karawane einschleicht. Das Gefühl der Einsamkeit hatte mich wieder eingeholt und ich hatte sehr große Lust, sie für einen Abend wiederzusehen.

Auf dem ganzen Weg faszinieren mich frische Spuren, die nacheinander den Wadi durchziehen: Spuren einer Gazelle, dann die eines Hundes? Nein, zu groß – eines Geparden vielleicht, darüber Schakalspuren. Ich entwerfe ein Szenario: Der Gepard folgt der Fährte der Gazelle, um sie zu jagen, der Schakal bleibt ihnen auf den Fersen, in der Hoffnung auf die Reste des Festmahls – und hinterdrein stolpert ein Wanderer auf der Suche nach Gesellschaft.

Die Spuren führen fast bis zu meinem Lager. Aber ich bin noch weit davon entfernt. Der offensichtlich weiche Wadi nimmt kein Ende, zwei Schritte vor, einer zurück, ich komme nur halb so schnell voran wie geplant. Allmählich werde ich unruhig: Werde ich noch vor der Dunkelheit mein Lager erreichen? Was nützen mir die Stirnlampe, der Pulli, das Wasser und die Marschverpflegung auf meinem Rücken? Wenn ich meinen Bezugspunkt nicht mehr sehe, hätte ich große Mühe, in einer mondlosen Nacht meinen Rucksack wiederzufinden (ein tragbares GPS gab es noch nicht). Innerlich lächelnd stelle ich fest, dass die ganze Sicherheit auf einigen Kubikzentimetern Inhalt eines unter Felsen getarnten Rucksacks mit Vorräten beruht. Schlimmstenfalls werde ich draußen schlafen und mir ein Feuer machen, Holz gibt es ja. Aber da ist immer noch der Gedanke an die Karawane, die ich zu treffen hoffe.

In diesen Augenblicken des Grübelns laufen meine Beine so schnell sie können, stets wachsam, keinen Fehltritt zu tun. In solchen Situationen geschehen häufig Unfälle. Viel später erreiche ich ein wenig außer Atem im Halbdunkel meinen Rucksack. Die Karawane wird vermutlich längst jenseits des Tassilis auf dem Weg nach Tam schlafen. Seltsamerweise ist dies nun nicht mehr wichtig. Niemals zuvor war das Feuer so ermutigend, die Suppe so köstlich wie an diesem Abend; und Dominique hat in meinen Rucksack ein magisches Mittel gegen Trübsinn geschmuggelt – getrocknetes Mischobst.

Die Wüste sollte auf eine recht einzigartige Weise meinen Wunsch nach Gesellschaft erfüllen. In derselben Nacht weckt mich etwas Ungewöhnliches, ein Geräusch, ein Schrei, ich weiß es nicht, aber ganz in der Nähe. Da wieder, noch lauter diesmal, zerschneidet es die Stille. Ich kann es mit Worten nicht beschreiben. Ein Heulen? Nie zuvor habe ich etwas Derartiges gehört, aber mir sträuben sich die Haare. Ich knipse meine Lampe an und lasse ihren Lichtkegel umherschweifen. Nichts zu sehen. Seltsamerweise habe ich keine Angst. Mein alarmierter Körper verspürt Anzeichen von Angst: schnelleres Schlagen des Herzens, die Kehle ein wenig zugeschnürt, Schweiß auf der Stirn. Aber mein Geist bleibt erstaunlich ruhig. Ich stehe auf, um einen Ast auf die noch rote Glut zu legen, inspiziere noch ein letztes Mal die Umgebung und lege mich wieder hin. Die Stille ist eindrucksvoll.

» Diese Augenblicke des einfachen Lebens erfüllen mich. Luft, Licht, Wind, Weite, Stille – viel besser als Metaphysik und Psychologie. «

Die unendliche Weite des Tin Tarabine mit seinem vom Wind geriffelten Sand (Tassili du Hoggar, Algerien).

Am nächsten Morgen stoße ich in etwa 20 Metern Entfernung von meinem Schlafsack auf die gleichen Spuren wie im Wadi. Einige Tage später, als ich wieder auf die Autos treffe, zeichne ich dieselben Spuren in den Sand für Ahmed, den Fahrer: »Amayas«, sagt er in seinem Akzent, »Daniel, du hast Besuch von einem Amayas gehabt« – Gepard auf Tamaschek.

Die großen Durchquerungen

» Ohne Kamel, ohne Fahrzeug,
ohne Führer, zu zweit und zu Fuß,
alle drei Tage ein Lagerplatz
und fünfundzwanzig Tage
des Wanderns vor uns,
habe ich erneut das Gefühl
des Ausgeliefertseins, sieben Jahre
nach unserer ersten Expedition
nach Tagrera. «

Seiten 162–163:
die Düne von Arakao (Niger).

Seiten 164–165:
Besteigung des Felsendoms von Youf Aghlal (Tassili du Hoggar, Algerien).

Rechts:
Skulpturen aus Stein in Tahaggart (Tassili du Hoggar, Algerien).

Seiten 168–169:
Ansichten einer Ansammlung von »Pilzfelsen« in Youf Aghlal.

Oben:
die Felsnadeln von Youf Ehaket (Tassili du Hoggar, Algerien).

Rechte Seite:
Erkundung der Felsen von Youf Aghlal (Tassili du Hoggar, Algerien).

Seiten 172–173:
Adrar Chiriet, Vorposten des Aïr-Gebirges, das wie eine Insel in der Ténéré liegt (Niger).

Vor uns lagen
fünfundzwanzig Tage Fußmarsch

völlig auf uns allein gestellt, nur alle drei Tage ein Lager mit Lebensmitteln. Zusammen mit Dominique wollte ich den Tassili du Hoggar von Nord nach Süd zu Fuß durchqueren. Wir waren verrückt nach der Wüste, wie andere verrückt sind nach Gott. Tagrera und El Ghessour hatten uns Selbstvertrauen geschenkt und über alle Maßen bewegt. Noch intensiveres Eintauchen in das Unbekannte über einen längeren Zeitraum würde uns erlauben, diese innige Verbundenheit mit der Wüste, die sieben Jahre nach der Entdeckung Tagreras zu unserer zweiten Haut geworden war, noch zu vertiefen.

Die Jahre sind vergangen. Terdav *ist inzwischen für alle Wanderfreunde ein Begriff und zum Marktführer in dieser Nische geworden. Das Team wurde aufgestockt, der Katalog erweitert, eine wirkliche Identität wurde entwickelt und das Bild von Seriosität und Qualität konnte gefestigt werden. Dominique ist für alles, was mit Logistik zu tun hat, verantwortlich, eine unserer Stärken. Hervé und ich leiten noch immer das Unternehmen. Ich war im Himalaja, in den Kordilleren der Anden, im Hohen Atlas von Marokko und vielen anderen Gebirgen und Wüsten auf der ganzen Welt, doch die Sahara ist mehr als je zuvor der geheimnisvolle Garten, zu dem ich immer wieder zurückkehre.*

Unsere »Sahara-Erlebnisse« in Tagrera und El Ghessour sind noch immer das Kernstück des gesamten Wüsten-Programms. Die Formel hat sich ein wenig verändert. Besorgt, dass doch eines Tages ein Teilnehmer einen Unfall haben könnte, haben uns unsere Mitarbeiter in Tam davon überzeugt, ein Fahrzeug zur Sicherheit in der Nähe zu behalten. Das Auto transportiert mittlerweile das Gepäck der Teilnehmer und kehrt jeden Abend ins Lager zurück. Für unsere Reisenden bedeutet dies keineswegs ein geschmälertes Vergnügen. Nur können sie dieses kleine Angstgefühl im Bauch nicht kennen lernen, dieses überwältigende Gefühl der Freiheit, das ihre Vorgänger, die glücklichen Pioniere, bei der Abfahrt der Fahrzeuge verspürten, die sie allein zurückließen.

Schließlich kamen auch die »Drachen auf Rädern« und überzogen die makellosen Dünen, die sie unablässig zu erklimmen suchten, mit Streifenmustern. Sie blieben nicht sehr lange und ihre Fahrgäste wagten sich kaum zu Fuß in höhere Bereiche vor. Aber während der Ferienzeit bezeugen der rege Verkehr an den schönsten Plätzen und die damit einhergehende bedauerliche Verschmutzung, dass Tagrera unglücklicherweise ihre Unberührtheit verloren hat.

Neugierig, wie diese intensiven Erlebnisse auf Therapeuten, Unternehmensberater und Firmenchefs wirken, werde ich noch häufig mit speziellen Gruppen nach Tagrera zurückkehren. Die Wüste in Verbindung mit dem Wandern ist ein wunderbares Versuchsgelände für gegenseitigen Austausch und das Sich-Öffnen. Erkundungen und wirkliches Eintauchen in die Sahara werden wir allerdings von nun an zu zweit erleben, weiter im Norden oder in Niger, auf den großen Durchquerungen in den Jahren 1982 bis 1992. Die Transportdienste haben Vertrauen zu uns. Wie in Tagrera lassen wir uns auch hier wieder absetzen und entbinden sie mit einer Unterschrift der Verantwortung.

Jetzt ist es soweit, wir sind allein. Nicht ganz, denn nicht weit vom Wadi Tin Eggoleh, der das namensgebende Plateau von West nach Ost durchschneidet, befindet sich ein Lager malischer Tuareg, die unsere Anwesenheit ein wenig erstaunt. Neben einer weiteren Nomadenfamilie, deren Weg wir im Norden von El Ghessour kreuzen, werden sie die einzigen menschlichen Wesen sein, denen wir auf unserer Durchquerung begegnen.

Ich bewahre eine bewegende Erinnerung an diese Reise. Als wäre alles, was wir zuvor in der Wüste erlebt hatten, nur ein Vorgeschmack oder vielmehr unsere Lehrzeit gewesen. Ohne Kamel, ohne Auto, ohne Führer, zu zweit und zu Fuß, alle drei Tage ein Lagerplatz und fünfundzwanzig Tage des Wanderns vor uns, bot diese Erfahrung erneut das Gefühl des Ausgeliefertseins, sieben Jahre nach unserer ersten Expedition nach Tagrera.

Seite an Seite zu wandern und die Anpassung an die Umgebung, die den Alltag bestimmt – der Wanderer verlöscht angesichts der Wanderung, so wie ein Tänzer »getragen« wird von dem getanzten Werk. Die Wüste wird zum Gestalter der Reise, die sich von Augenblick zu Augenblick, von Schritt zu Schritt entwickelt. Erhebender Eindruck von einer unendlichen Wanderung in einer irrsinnigen Weite, wie ein gewaltiger in Stille und Licht getauchter Teppich. Unvorstellbares Gefühl der Freiheit, denn das Einzige, was uns mit der Welt verbindet, sind eine kleine Kiste und ein Kanister, die uns alle drei Tage erwarten. Zwischen den Nachschublagern in dieser Wüste, die ununterbrochen darüber zu wachen scheint, dass der Übergang vom Tag zur Nacht niemals abreißt, wird alles möglich.

Dominique erholt sich im Schatten eines Felsens. Ich vertrete mir ein wenig die Beine ohne Rucksack. Hinter einem großen Busch stoße ich Auge in Auge auf eine Gazelle. Der Wind steht günstig, sie hat mich noch nicht gewittert. Regungslos erstarren wir beide. Und als ich so still stehe, wird mir bewusst, bis zu welchem Grad alles, was uns umgibt, Felsen, Sträucher und Bäume, noch regungsloser zu sein scheint als sonst. Als ob die Landschaft gemeinsam mit der Zeit, mit der Stille und uns beiden in erwartungsvoller Spannung verharrte. In Erwartung der geringsten Bewegung, die den Zauber verscheucht und die Gazelle blitzschnell verschwinden lässt, kann ich mich nicht beherrschen und hole vorsichtig, aber eben nicht vorsichtig genug, mein Fernglas hervor.

Einige Tage später hätte ich beinahe selbst die Beine in die Hand genommen. Wir verließen die letzten Ausläufer von Tin Eggoleh, um nach Tahaggart weiterzuziehen, einem herrlichen, kleinen, von einer mächtigen Düne begrenzten Tassili, der im gewaltigen Raum Tin Tarabines eine weithin sichtbare Insel bildet. Ich passiere einen spitz zulaufenden Fels, der auf einen großen Platz mündet. Plötzlich zerreißt eine unmittelbar neben mir einsetzende, wilde Hetzjagd die vollkommene Stille und versetzt mir einen kräftigen Adrenalinstoß. Ich wende den Kopf und sehe zwei davoneilende

Linke Seite: l'Adrar Chiriet inmitten der Dünen (Niger).

Oben: graphische Begegnung zwischen einem kleinen Targi, zwei Kamelen und einer Düne (Niger).

Mufflons. Vermutlich habe ich sie am Ende des Felsens überrascht, keine zwei Meter von mir entfernt. Der starke, beißende Geruch ihres Fells hängt noch in der Luft.

Eine Wüste, in der man sich wie zu Hause fühlt? Ja, außer an jenem Abend, an dem wir ärgerlicherweise unser Lager und unsere Vorräte nicht mehr wiederfanden. Der Vorfall ereignete sich 1986, während unserer zweiten großen Durchquerung zwischen Tin Eggoleh und Youf Ehaket. Dies war eine Reise mit täglichem Lagerplatz, damit wir das Gepäck

» Unvorstellbares Gefühl der Freiheit, denn das Einzige, was uns mit der Welt verbindet, sind eine kleine Kiste und ein Kanister, die uns alle drei Tage erwarten. «

auf unsere persönlichen Bedürfnisse beschränken konnten. Wie immer hatten wir unsere Plätze sorgfältig zusammen mit dem Fahrer angelegt und dabei unsere Bezugspunkte gewählt. Sorgfältig, aber stets ein wenig in Eile: Für unsere erste Durchquerung legten wir mit dem Auto zur Deponierung der Vorräte mehr als 300 Kilometer zurück. Mit Ausnahme des ersten Lagers, wo uns das Auto verliess, und dem letzten, wo es uns siebzehn Tage später wieder aufnehmen sollte, kannten wir diesen Teil des Tassilis noch nicht.

Wir waren inzwischen dreizehn Tage unterwegs, immer noch mit demselben Glücksgefühl. Ein Gefühl des Erfülltseins von kleinen, unbedeutenden Dingen und des Staunens über eine Landschaft, die ans Erhabene grenzt, wie im Wadi Youf Aghlal, wo riesige Pagoden über die runden Pilzsiedlungen inmitten der Dünen zu wachen schienen. Den ganzen Vormittag hatten wir mit der Erkundung verbracht. Nur zwei Stunden Fußmarsch trennten uns von Tilemfaza, dem nächsten Lagerplatz. Die Ebene war flach und vor uns lag keine Überquerung eines schwarzen Plateaus, bei dem man einmal oben angelangt nie so recht weiß, wie man wieder herunterkommen soll. Die Bezugspunkte waren offensichtlich, vor allem dieses imposante zerklüftete Plateau, das an die Wüsten Amerikas erinnerte. Eine wirklich ruhige Etappe, bei der Körper und Geist sich von den hinter und noch vor uns liegenden Ungewissheiten erholten. Das Lager hatten wir an einem Morgen angelegt, doch nun war es Abend, das Licht und die Reliefs sahen vollkommen anders aus. Das Plateau hatte einen Zwillingsbruder weiter im Norden, der vom Auto aus nicht sichtbar war, und so kam es zu unserem Irrtum. Im Laufe der Jahre und im Zuge des zunehmenden Tourismus hatten wir gelernt, unsere Vorräte unter Steinen zu verstecken; wir waren aber nicht davor gefeit, bei der Suche nach dem richtigen Stein ins Zögern zu geraten. Trotz allem wussten wir, wo wir waren. Nichts an den Berg- und Nadelspitzen, die angeblich unserem Lager Schutz boten, kam mir bekannt vor. Wenn man sich der Tatsache stellen muss, dass man nicht weiß, wo diese verflixten Kanister hingekommen sind, versetzt dies dem freundlichen Bild von dieser so vertrauten Wüste einen herben Schlag. Das Selbstvertrauen wird rissig, in dem Maße wie sich die nutzlosen Schritte in die Länge ziehen, so wie die Furcht allmählich wächst und wächst.

Wir gingen im Kreis und kreuzten immer wieder unsere eigenen Spuren, bis ich Halt rief. Mit einer halb vollen Feldflasche Wasser, etwas Marschverpflegung und den Sachen auf unserem Rücken die Nacht im Freien verbringen zu müssen – das war nicht so schlimm. Ich gestehe sogar, ein etwas zwiespältiges Gefühl empfunden zu haben, in dem sich Unsicherheit und eine überraschende innere Jubelstimmung auf seltsame Weise mischten.

Es bestand keine akute Gefahr. Diese Episode von besonderer Intensität ließ uns den Rahmen sprengen, die vorgesehenen Bezüge verlassen wie bei einem zusätzlichen Sprung ins Unbekannte, der mich dennoch dazu veranlassen sollte, von nun an noch mehr auf der Hut zu sein. Wir hatten uns nicht verlaufen. In der ersten Stunde am nächsten Morgen haben wir unser Lager 500 Meter weiter südlich gefunden und den Grund für unseren Irrtum erkannt. Wir waren nur leicht vom Weg abgekommen, so wie es auch in Niger geschehen ist, ohne böse Folgen.

Heutzutage, mit tragbarem GPS, könnte das nicht mehr passieren. Ich frage mich, ob die Wüste dadurch nicht ein wenig von ihrem Charme verloren hat.

Ist die Wüste feindlich und gefährlich? Ja. Und vertraut? Ich hätte mir nie vorstellen können, dass sie mir eines Tages gleichgültig wird.

Seit 1975 hatten wir zu Fuß, auf dem Rücken von Kamelen, im Auto die Ténéré, das Aïr-Massiv, seinen östlichen Rand mit der erhabenen Landschaft, in der sich Gebirge und Sand mischen, in alle Richtungen durchstreift. Schon seit geraumer Zeit würden wir dort gerne ein »Sahara-Erlebnis« wagen und uns aussetzen lassen wie in Algerien. Wir wollten zwischen dem Aïr und der Ténéré von Arakao nach Adrar Chiriet derselben Route folgen, die eine Meharée einige Jahre zuvor eingeschlagen hatte. Allerdings über einen viel längeren Zeitraum, damit wir Zeit für Erkundungen hätten, und mit einem täglichen Biwak. Auf der Karte hatte ich die Lage der Plätze vorgesehen, was für einen Wanderer nie ganz leicht ist, wenn ein Zentimeter auf dem Papier zwei Kilometern in der Landschaft entspricht.

Vor Ort, in Niger 1989, stellte sich die Realität erheblich anders da. Entlang der Ténéré waren die Dünen so hoch, dass ich in letzter Minute einige Biwakpunkte ändern musste, weil sie mit dem Fahrzeug nicht zugänglich waren. Nun herrschte Ungewissheit über die dazwischenliegenden Entfernungen. Ich war ein wenig beunruhigt. Als ob ich in dieser maßlosen Weite, die unsere tassilischen Maßstäbe auf den Kopf stellt, meine Markierungen nicht mehr wiederfinden würde. Mit Ausnahme von einigen »Ungeheuern« wie dem Adrar Chiriet, der wie ein Amboss inmitten der Dünen vor dem Hintergrund der Ténéré aufragt, waren die Bezugspunkte unklarer, fast mit dem Sand verschmolzen.

Gipfel, Felsen, Nadelfelsen und Bogen von Tahaggart (Tassili du Hoggar, Algerien).

Was würden wir von dieser kleinen Felsengruppe aus blauem Marmor, an der unsere Kanister verborgen lagen, nach 15 Tagen noch erinnern? Sie sahen doch alle gleich aus … Unser erster Lagerplatz war einer der wundervollsten Flecken der Sahara. Er heißt Pince de Crabe – die »Krebsschere«, denn bei Arakao östlich vom Aïr-Gebirge stellt sich das Takolokouzet-Massiv in Gestalt dieses Namensvetters dar. In der Mitte der »Krebsschere« lässt ein prachtvoller Erg seine Dünen bis in die Ténéré wogen. Ich hatte einen Aufenthalt von drei Tagen vorgesehen.

Die erste Nacht ohne Auto war recht unruhig. Wir hatten unser Lager nahe einem Mäusebau aufgeschlagen. Dessen Bewohner, größer als gewöhnlich, schwarz gefleckt und mit Galgengesichtern, huschten unablässig in alle Richtungen über unsere Schlafsäcke. Mitten in der Nacht betteten wir uns schließlich entnervt 100 Meter weiter zur Ruhe.

Sobald die Sonne aufging, empfand ich etwas völlig Unerwartetes. Die mich umgebenden Landschaften sagten mir nichts mehr. Es war, als hätte sich eine für ein geliebtes Wesen leidenschaftlich empfundene Liebe eines Morgens absurderweise aus dem Staub gemacht. Von der Wüste kannte ich glühend heiße Hundstage, eiskalte Nächte, schreckliche Sandstürme. Aber niemals Langeweile. Das, was ich verspürte, war schlimmer als Langeweile: Gleichgültigkeit. Ich fragte mich ernsthaft, was ich hier sollte. So viel ich auch auf Dünen gestiegen war, das Herz war nun nicht mehr dabei. Der Gedanke an die drei vor mir liegenden Wochen erschöpfte mich im Vorhinein. Wenn man bedenkt, dass ich wieder diesen Rucksack aufsetzen musste. Ich verschwieg meinen Kummer vor Dominique. Zu gut kannte ich diesen Weltschmerz, diese Neigung, mich in nichts aufzulösen, die ich neben anderen Freuden auf der Couch erforschte. Bis zu diesem Zeitpunkt war ich in der Wüste davon verschont geblieben. Sie war wie ein Gegenmittel, die Fülle gegen das Vakuum. Ich wusste seit langem, dass ich keinen anderen Feind hatte als mich selbst und der schlug mitten in der Sahara mit voller Kraft zu. Die Wüste war in meine Träume vorgedrungen, mit ihren Symbolen der Fülle, der reinen Schönheit, der Einheit. Vielleicht aus einem ambivalenten Spiel heraus hüllte der Teufel sie seinerseits in seinen weiten, schwarzen Mantel der Qual und Zerrissenheit.

Vernichtende Gedanken, die von einem köstlichen Duft nach Brot, den eine nächtliche Brise herüberwehte, aufgezehrt wurden. Am vierten Morgen brachen wir zum nächsten Lagerplatz auf. Kaum waren wir von Arakao fort, war auf der Ebene von Issaouane im Angesicht der Ténéré der Zauber neu geboren. Ich ging und fühlte überrascht die wieder funktionierende subtile Alchemie des Körpers und der Sinne, so wie die Landschaft wieder spürbar wurde. Aber nicht von mir aus, ich erwartete mir nichts davon. Etwas hatte sich gelöst: In dem Versuch, um jeden Preis Seinszustände wieder zu erfahren, Erfahrungen wieder zu erleben, auf jeder Reise vorher Erlebtes wieder herzustellen, reduzierte ich die Wüste auf meine eigenen Erinnerungen. Dies war nicht mehr die Ténéré vor meinen Augen, sondern die Weite meiner eigenen Gedanken.

Die erneuerte Wüste nahm abermals unter meinen Füßen Gestalt an, sie ließ Impressionen des Augenblicks nacheinander vorüberziehen, wobei jede die vorangegangene aufzuzehren schien und ihrerseits verschwand, wenn sie von der nächsten verschlungen wurde. Und dies machte auch mich frei, von mir selbst, vom lieben Gott und dem Teufel gleich dazu. Ja, machte mich frei von dem Gedanken, mich frei zu machen.

Die Befreiung erschien in Gestalt des Duftes von warmem Brot, der von einem weit entfernten Lager herüberdrang und uns weckte. In der pechschwarzen Nacht, der vollkommenen Stille, die mit ihrem anhaltenden Sirren kaum die ursprüngliche Subtilität der Luft störte, erreichte dieser schlichte Windhauch eine unglaubliche Präsenz. Weil ich ihn nicht erwartete, nicht manipulierte, nicht an ihn dachte, war er das Unbekannte, das einmalige Werk eines Augenblicks, der sich danach in alle Winde zerstreute.

Flüchtig, aber in höchstem Maße eindeutig beanspruchte diese zarte »Konkretheit« des Brotdufts so sehr meine Aufmerksamkeit, dass ich für einen kurzen Moment den Eindruck hatte, mich mitten in seiner Vertrautheit wiederzufinden. Mit dem seltsamen Gefühl, dass das, was dies in mir verspürte, ihm wiederum Leben, Gestalt gab und selbst in diesem Aroma eingeschrieben war, dieses Aroma war. Es war nicht mehr nur ein Duft, es war eine in der Weite meiner Nase fliegende Landschaft: ein Luftwerk der Wüste.

Im Bereich der Sensibilität und der Eindrücke, die die Wüste schärft wie einen Kristall, lassen sich Vorahnungen manchmal nicht denken. Schweigen oder reden? Zuerst spüren! Wer Lust auf Worte hat, seien sie auch noch so unbeholfen, dem bleibt nur eine Rettung: das Paradox, der Un-Sinn, das poetische Bild, das nichts vorgibt, nichts bejaht, nichts weiß, weil es sich verliert wie eine Welle im Wasser in dem, auf das es verweist – dem Unbekannten.

Das Unbekannte ist das, was mich überrascht, wenn ich nicht darauf gefasst bin und was mich erstaunt, berührt und verblüfft, wenn ich mich in meiner Sicherheit erschüttert sehe. Es lässt mich aus dem Rahmen meiner Bezugspunkte fallen, mit einem Wort, aus meinem Denken. Wobei zu präzisieren ist, dass es auch ein Gedanke ist – aus seinem Denken heraustreten. Manchmal sogar ein sehr packender.

Wir überqueren das Massiv der Dünen von Izzane, das uns von Adrar Chiriet trennt. Ein wirklicher kleiner Erg mit zuweilen so hohen Dünen, dass wir häufig anhalten, um zu rasten. Wir nutzen die Gelegenheit, um die Gassi zu erkunden, die schmalen Gänge zwischen den Dünen, in denen es wie überall in der Ténéré viele neolithische Werkstätten mit vollkommen polierten Gegenständen gibt: Beile, Brecher, Mahlsteine. Halb vergraben im Sand muss dort noch ein wundervolles rundes Gefäß aus grünem Speckstein sein!

Ich weiß nicht genau, wie viele Dünen uns vom Berg trennen, aber ich ahne bereits, dass der Anblick großartig sein wird, denn wir haben uns dazu entschieden, zwischen den höchsten Dünen hindurchzugehen. Der Weg ist kürzer als gedacht. Ohne darauf vorbereitet zu sein, auf dem Gipfel eines Kamms, trifft es uns wie ein Schock: Adrar Chiriet. Viel früher als ich irgend etwas denken oder benennen kann, geschieht etwas Erstaunliches, Unglaubliches. Ich fühle mich »gepackt« von diesem Berg. Perfektes Zusammentreffen des Gesehenen und des Sehens, reine Wahrnehmung, ohne eine wahrnehmende Person oder etwas Wahrzunehmendes.

Ein Augenblick jenseits der Zeit, in dem Chiriet paradoxerweise so präsent ist wie nie zuvor. Noch immer der Eindruck einer Landschaft, die größer ist, als die dennoch in der Einzigartigkeit eben dieser Landschaft vollkommen enthaltene Landschaft. Ein Augenblick der reinen Schönheit, deren Zauber

Linke Seite: Schattenspiel in Youf Aghlal (Tassili du Hoggar, Algerien).

Oben: die Dünen von Arakao (Niger).

beim ersten Gedanken zerbricht: »Wie schön!«, und mich auf meinen Rucksack und Chiriet auf seine Kiesel zurückwirft.

Als ob die Wüste sich nicht auf ihre Kieselsteine und Sandkörner beschränken wollte, enthüllt sie sich zuweilen auf sehr seltsame Weise. Seit einigen Jahren dringt sie weit über die Karte von Afrika hinaus in meine Träume vor. Wie ein in den Dünen gestrandetes Schiff, mit von unbekanntem Sinn geblähten Segeln, den Kielraum beladen mit Symbolen und Archetypen, wobei der Kapitän, ohne es

» Dies war nicht mehr nur ein Duft, es war eine in der Weite meiner Nase fliegende Landschaft: ein Luftwerk der Wüste. «

zu wissen, in seiner geballten Hand die Quelle der reinen Wüste transportiert. Aus dieser Quelle könnten die Antworten auf die essenziellen Fragen sprudeln, die jeder Mensch sich eines Tages stellt: Wer bin ich? Was ist mein Leben? Was begehre ich wirklich? Warum dieses Leid, diese Not? Fragen, die häufig in der Stille der Wüste geboren werden und die sich nicht mit einer objektiven, intellektuellen Antwort zufrieden geben.

Die Wüste und das Wasser schleichen sich in meine Träume und ergeben eine innere Wüste, gewebt aus Traumstoffen. Inneres von wem, von was, wenn der Träumer, wie es in Indien heißt, Teil des Traumes ist? Die Landschaften haben eine recht saharaähnliche Gestalt, es gibt Ebenen, Dünen und Tassilis, jedoch ohne ihre objektive Körperlichkeit, die sie in wachem Zustand entsprechend dem gesunden Menschenverstand darauf »festnagelt«, dinglich zu sein. Eine Wüste der Impressionen, deren Webart aus reiner Irrealität mir vertrauter ist als mein eigenes Fleisch. Schleier aus Weite, Fels, Sand und Licht, in den der Wind des Geistes sich hüllt, um Wüste und Wanderer zu spielen. Schritt für Schritt, so als ob …

Als ob ich niemals vorbeikäme an strahlend weißen Kasbahs oder durch dunkle Labyrinthe aus mit Hindernissen und Gefahren übersäten Gässchen irrte, die mich daran hindern, die Wüste da draußen zu erreichen.

Als ob ich beim Aufbruch von einem bekannten Ufer, das mich symbolisch an unser Lager in Tagrera erinnert, unwiderstehlich von einer unendlichen Weite angezogen würde. Mit dem überraschenden, wiederholt empfundenen Gefühl, dass ich selbst diese Weite bin. Eine Weite von vertrauter Freude, in der sich viele Träume gleichzeitig abspielen.

Ein Landrover erklimmt einen großen, kuppelförmigen Hügel und bleibt am höchsten Punkt unter einem gewaltigen Portikus aus zum Himmel aufragenden Pylonen stehen. Durch einen Vorspultrick, wie er nur in Träumen vorkommt, weitet sich der Blick, schließt den Raum, den Hügel und das Auto auf seinem Gipfel mit ein. Der Portikus, zentrales Merkmal der Landschaft, wird allein durch seine Anwesenheit zum Träger eines unendlichen, unverständlichen Sinns, ein perfektes Zeichen.

Jenseits des durchquerten Raums bin ich oft an unbekannten Ufern gelandet, die mir vertrauter waren als die Erinnerung an mich selbst. Ich erforsche jeden Winkel eines wundervollen Tassilis, als ob ich mich einem zentralen, essenziellen Ort näherte, aufwärts in meinem seltsam vergessenen Selbst. Jedes »Schloss«, jede Düne quillt über vor Sinn wie das Murmeln einer unsichtbaren Quelle, die mein Ohr nicht hören, mein Auge nicht sehen, mein Gehirn nicht fassen kann. Wenn ich noch mit dem Geschmack des Traums im Mund erwache, glaubte ich häufig, noch sein geheimnisvolles Flüstern auf meinen Lippen wahrzunehmen.

Manchmal mischt sich die Wüste unter die Alpen oder in die Pariser Vorstadt. Eine Düne von vollkommener Schönheit, so hoch, dass sie keine Dimension mehr hat, überragt am Ende eines Tals einen wilden Wasserfall mit zahlreichen Kaskaden. In der Ferne führt in noch größerer Höhe ein Pfad entlang einer mit gewaltigen Bäumen bestandenen Bergflanke. Viele Träume ranken sich um diese Düne, die sich zuweilen im Bois de Boulogne aus meiner Kindheit einfindet.

Aber dort, auf jenem Pfad, zerre ich winzig klein meinen Vater am Ärmel, um ihn verzweifelt davon zu überzeugen, mit mir zu kommen und sich diese herrliche Düne anzusehen. Schließlich gibt es Träume, in denen ich auf eine Lichtung trete, auf der die Wüste jegliche offensichtliche Gestalt verliert, Wüste pur. Offenbarung einer nicht objektiven Präsenz, übergossen mit reiner Freude, nichts … Was für eine Verwirrung über dieses Wort »Nichts«, das häufig mit Vakuum assoziiert wird. Nichts bedeutet: nichts, was sich denken oder an etwas Bekanntem festmachen lässt, angefangen bei den Wahrheiten, den Schlüssen, die mein Denken auf meine Veranlassung hin stets aus den Worten zieht, die ich soeben aufschreibe mit Bezug auf … nichts. Ein Nichts von Wüstentraum, dennoch mir vertrauter als alles, was ich mir seit meiner Geburt vorstelle. Die Vorahnung einer wiedergefundenen Vertrautheit. Wie der Duft unserer Kindheit, leichter als eine Brise, die uns ohne Vorwarnung liebkost und so Tränen der Freude und der Dankbarkeit in unseren vorzeitig gealterten Erwachsenenkörpern und -augen aufsteigen lässt.

All diese Wüstenträume entstanden seltsamerweise während meiner langen Jahre der »psychologischen Erkundung«. Als ob das befreiende Auftauchen von Emotionen und Worten, die in meiner Lebensgeschichte vergraben waren, nur die Schaumkrone gewesen sei, eine Krone von einer Welle, die unendlich gewaltiger war als ich selbst, und die eben dadurch unendlich ich selbst war.

Ich glaube nicht, dass Träume dazu da sind, erklärt und vom Intellekt zerhackt zu werden. Die »Impressionen des Augenblicks« der Traumwüste nähren, erhellen, bezaubern die Wahrnehmung der mich umgebenen Wahrheit auf das Neue. Sie ergießen sich sanft über die irdische Landschaft, gleichsam um sie zu entrealisieren, um ihr ihre poetische Dimension reiner Irrealität zurückzugeben. So als ob.

Linke Seite, links: Aufsteigen eines Schmutzgeiers, im Hintergrund eine Karawane in der Ténéré (Niger). Linke Seite, rechts: Felsen in Tagrera (Tassili du Hoggar, Algerien).

Links: Stimmungen in der Ténéré (Niger).

Terdav… *heute,*

Für Hervé, Dominique und mich beginnt eine neue Zeit. Wie sollten wir nicht ein wenig Stolz und vor allem ein Gefühl der Dankbarkeit verspüren, angesichts der Jahre und der Reisenden, die unsere Leidenschaft für Wanderreisen teilten? Viel mehr als ein Unternehmen war *Terdav* für uns ein Ort zum Leben, der Freundschaft und Kreativität, eine herrliche Erfahrung. Ein schönes Abenteuer, das unter der Leitung von Marc Serrell seinen Weg mit der Mannschaft weitergehen wird, die viel zum Erfolg beigetragen hat.

Für uns ist die Zeit des Tourismus vorbei, aber nicht die Zeit des Reisens. Gemeinsam mit Jean-Marc Durou, der uns vor sechsundzwanzig Jahren zusammenbrachte, hat Hervé den Verlag *Vents de sable* gegründet, der sich den Wüsten und dem Reisen widmet. Dominique beschäftigt sich mit Fotografie. Ich male, schreibe und komponiere, immer auf der Suche nach dem Sinn, der Öffnung in das Unbekannte. Wir alle werden weiterhin die Wüsten und Gebirge dieser Welt zu Fuß durchstreifen …

Im Januar 2000 kehrten Dominique und ich mit Jean-Luc Manaud im Rahmen der Arbeit am vorliegenden Buch nach Tagrera zurück. Unsere letzte große Durchquerung des Tassili du Hoggar hatte 1992 stattgefunden. Seit der Tourismus in Algerien auf Eis liegt, haben wir die Sahara des Tschad entdeckt …

Nachdem wir die Sahara in alle Richtungen durchforstet hatten, fragte ich mich, ob es nicht an der Zeit wäre, ein wenig unseren Horizont zu erweitern. Bereits auf meiner ersten Reise in das nördliche Tibesti-Gebirge habe ich begriffen, dass der Rest meines Lebens wohl nicht ausreichen wird, um die Wüste des Tschad zu erkunden. Die Sahara hatte mich wieder gepackt. Denn ich habe es selbst gesehen und weiß jetzt, warum die Augen der »alten Saharafüchse« wie Sterne funkeln, wenn sie vom Tschad sprechen. Die wirkliche Quintessenz dessen, was den Liebhaber der Wüste erfüllen kann!

Allein, dass wir dort zwei weitere, den Wissenschaftlern unbekannte Krokodilplätze entdeckten, einen Bogen, den größten der Sahara und, wie es scheint, den zweitgrößten der Welt, unter dem Notre-Dame bequem Platz hätte, eine Unzahl … Doch genug – unsere vier Erkundungsreisen von 1993 bis 1997 des Tibesti und des Ennedi waren so reich an Entdeckungen, dass ich ihnen ein eigenes Buch widmen werde.

Stellen Sie sich ein leidenschaftlich geliebtes Wesen vor, wobei Sie sehr wohl wissen, dass das, was Sie mit ihm zutiefst verbindet, sich nicht schlicht auf die Farbe der Augen oder die Form der Nase reduzieren lässt … Geheimnis der »Schönheit« eines Wesens, undefinierbar, eigenartig und einzigartig zugleich. Nach acht Jahren der Abwesenheit taucht das geliebte Wesen wieder auf. Dieselbe Nase, dieselben Augen, vielleicht ein paar Falten mehr. Nach dem üblichen »Du hast dich aber wirklich überhaupt nicht verändert!«, entdecken Sie gerade in einem gewissen undefinierbaren Bereich eine tiefgreifende Veränderung. Ein lebhafteres, anwesenderes, leuchtenderes, noch eigenartigeres Gesicht.

So haben wir Tagrera erlebt. Dieselben Dünen, dieselben »Schlösser«, dieselbe Physiognomie – über die Falten werden tausend Jahre vergehen – Träger einer unglaublichen Schönheit, einer Pracht, einer Kraft, wie wir sie niemals zuvor so intensiv verspürten, angesichts derer man nur schweigen kann … oder sich bedanken.

Nach all den Jahren sollten wir es vergessen haben? Oder hatten sich unbewusst unsere Aufmerksamkeit und unser Einfühlungsvermögen geschärft? Ein gewisses Offensein für Spuren, Zeichen, unbedeutende Details, die plötzlich eine verrückte grafische Präsenz annehmen, lässt es erahnen. »Über-Einzigartigkeit« ist ein etwas abstrakter Begriff, der aber sehr wohl den Eindruck von durchdringender Präsenz vermittelt, die jedes wahrgenommene Relief von innen zu erhellen scheint. Wie hatte sie sich mit Sinn gefüllt … undefinierbar! Mit Sinn? Das also hatte sich verändert. Die Landschaft war in einen Sinn getaucht, der enthüllt werden wollte. Ein Sinn, der in jeder unserer Wahrnehmungen enthalten war, ja sogar im Sand und im Stein, im Schein des Lichts. Vielleicht die Quelle der Schönheit der Wüste und der Faszination, die sie in uns weckt, zu der unser Staunen, unser Schweigen, unsere Bewunderung die Tür wären, die Öffnung … Von wem oder was spricht die Wüste also? Die Wüste ist eine spanische Herberge, in der jeder Reisende vorfindet, was er selbst dorthin trägt! Gestatten Sie mir eine bereits zuvor gestreifte Annahme im Konditional:

Und wenn die Wüste nun da wäre, nicht um »gesehen«, sondern um »gelesen« zu werden? »Gelesen« wie die Wörter einer Geschichte, in der jede Düne, jeder Kiesel, jedes »Schloss«, ein Zeichen wäre?

Wenn das, was unter unseren Füßen und vor unseren Augen Gestalt annimmt, nicht nur eine Wüste wäre, sondern ein Wortschatz? Eine Sprache der Dimensionen von Raum und Zeit?

Wenn der einzige Lesende, dem diese Geschichte erzählt würde, ein Mensch wäre? Zufällig … ein Wanderer!

Ein Mensch, der die leere Seite wäre, auf der jedes Zeichen der Wüste sich für die Zeit eines Augenblicks eingräbt.

Ein gänzlich unbeschriebenes Blatt, weit wie der Blick, gewaltig wie das Gehör, auf dem die »Landschafts-Zeichen« lesen ließen, was sie aufs Lebhafteste verspüren lassen, wenn ihre offensichtlichen Formen nur noch Impressionen, Emotion, Musik, Poesie sind.

Eine Wüste, deren Weite, Schönheit, Stille, Steine, Sand und Wasser den Leser einladen würden, von dem, was es zu lesen gibt, gelesen zu werden …

Seiten 182–183: einsame Erkundung eines »Schlosses« in Tagrera (Tassili du Hoggar, Algerien).

Seite 186: Ansicht von Tin Akachaker (Tassili du Hoggar, Algerien).

» Nimm mich in die Arme! «
schreit verängstigt das Kind der Wüste
seinen Vater an.

» Bedankt euch bei euch selbst! «
flüstert die Wüste dem Wanderer zu,
der ihr danken wollte,
weil sie ihm soviel gegeben hat.

Zentralsahara

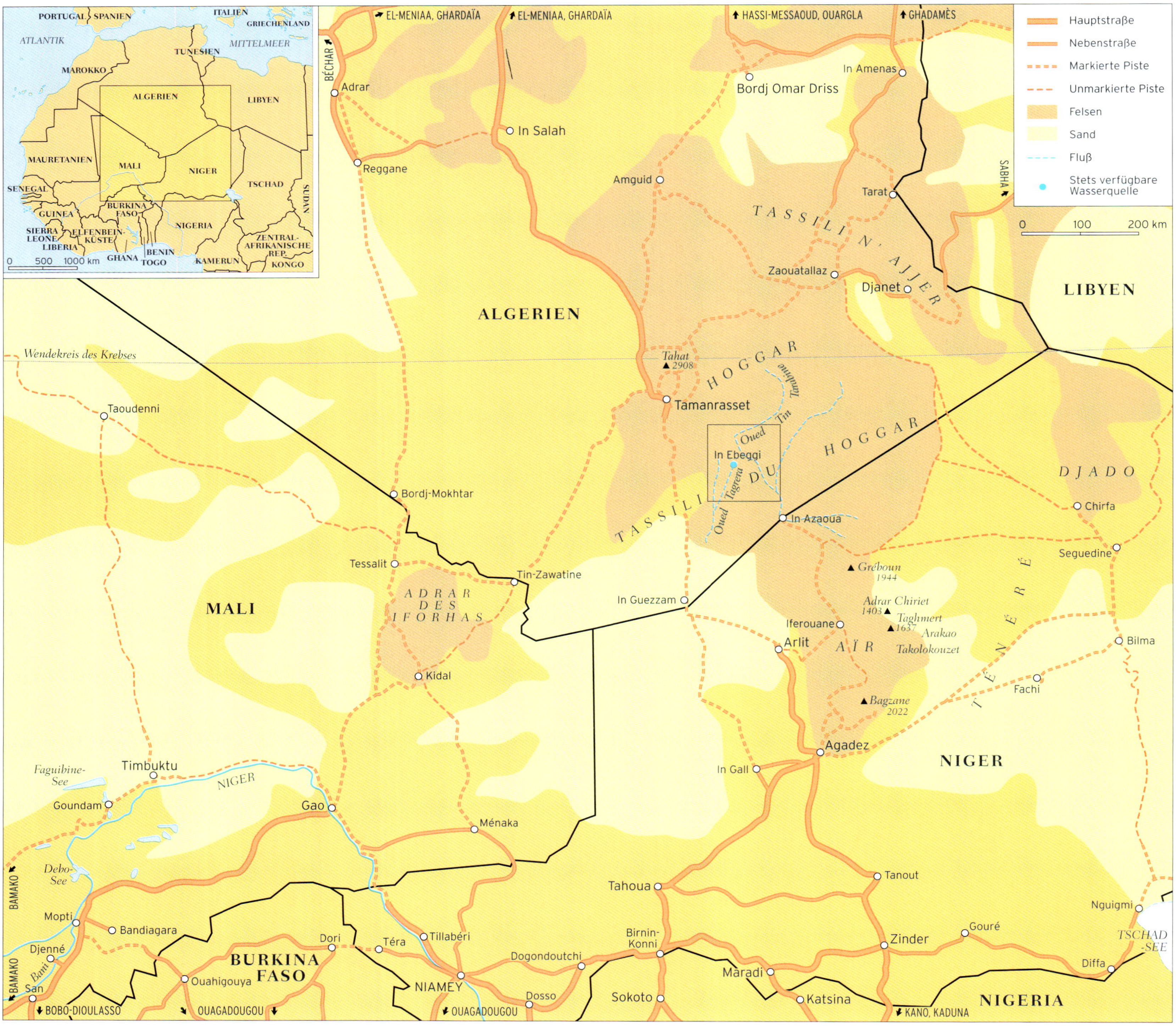

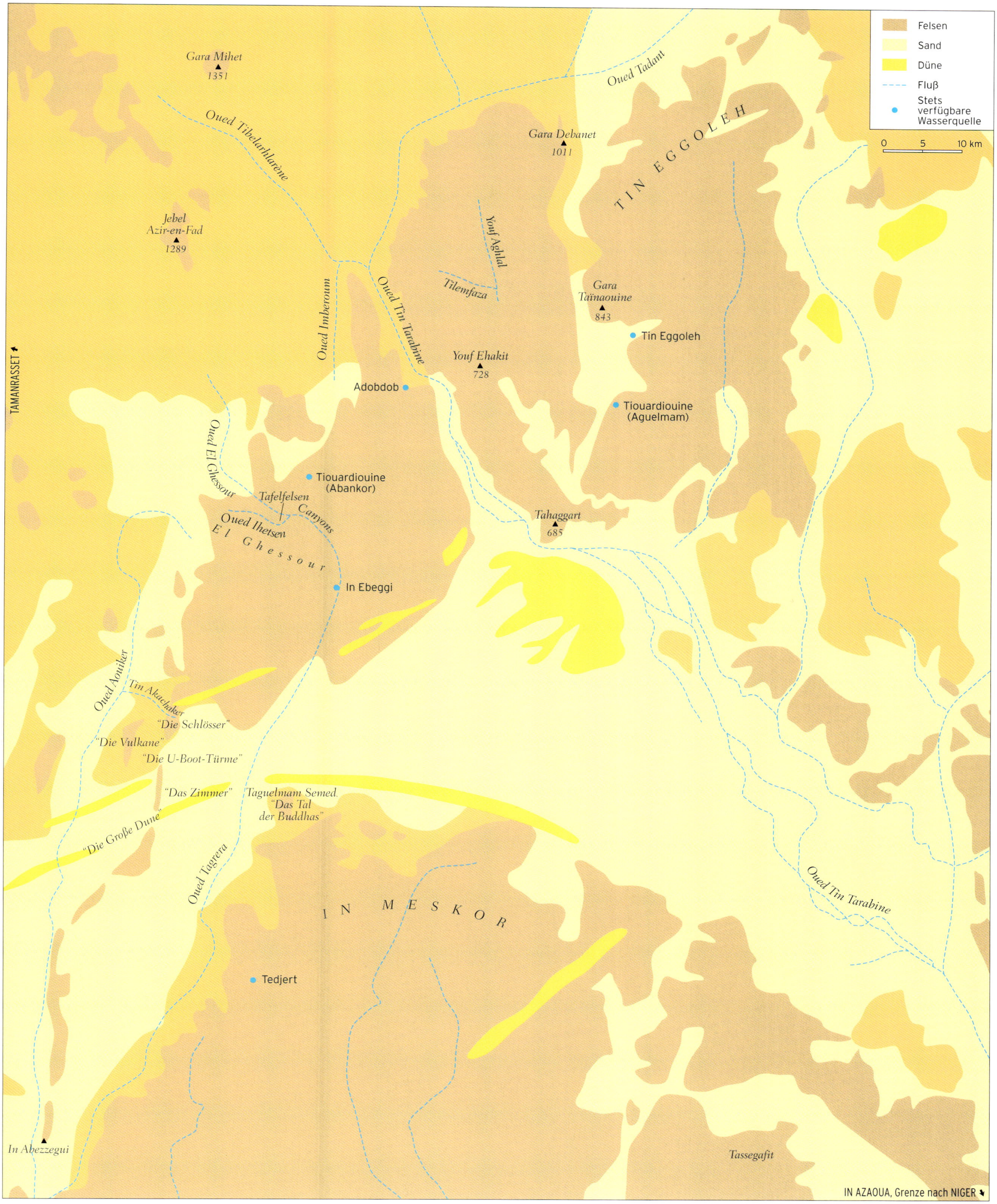

Tassili du Hoggar: *»Das Zimmer«, »Das Tal der Buddhas« usw. sind Bezeichnungen, die der Autor in Ermangelung von Ortsnamen den Felsformationen selbst gab.*

Bildnachweis

Alle Fotografien dieses Bandes stammen von Jean-Luc Manaud/Rapho, mit Ausnahme der Abbildungen auf den Seiten 57, 96 (*rechts*), 120, 158 (*links*) und 180 (*rechts*), die Daniel oder Dominique Popp aufgenommen haben.